A1.2

练习册
Arbeitsbuch

快乐德语 ⁺「第二版」

primaplus | Deutsch für Jugendliche

Friederike Jin   Lutz Rohrmann

黄惠芳 编译

上海外语教育出版社
外教社 SHANGHAI FOREIGN LANGUAGE EDUCATION PRESS

Cornelsen

图书在版编目（CIP）数据

快乐德语. A1.2.练习册 ／（德）金莎黛等编. —2版.
—上海：上海外语教育出版社，2021
ISBN 978-7-5446-6874-3

I. ①快… II. ①金… III. ①德语—习题集 IV. ①H33

中国版本图书馆CIP数据核字（2021）第130653号

图字：09-2021-0711

出版发行：上海外语教育出版社
　　　　　　（上海外国语大学内）　邮编：200083
电　　话： 021-65425300（总机）
电子邮箱： bookinfo@sflep.com.cn
网　　址： http://www.sflep.com
责任编辑： 陈　懋

印　　刷： 上海信老印刷厂
开　　本： 890×1240　1/16　印张 5.5　字数 174千字
版　　次： 2021年9月第2版　2021 年9月第1次印刷

书　　号： ISBN 978-7-5446-6874-3
定　　价： 38.00 元

　　本版图书如有印装质量问题，可向本社调换

　　质量服务热线：4008-213-263　电子邮箱：editorial@sflep.com

近年来，随着我国外语教育教学改革的不断推进，包括德语教学在内的基础外语教学焕发出新的生机和活力。2018 年，教育部颁布了《普通高中德语课程标准（2017 年版）》，为基础教育阶段开设和优化德语课程提供了政策和技术性指导。除各地外国语学校之外，越来越多的其他各类学校也开设了德语作为第一外语或第二外语的课程。

多年来，上海外语教育出版社一直致力于为各学习阶段的德语学习者提供优秀的教材。经过仔细甄选，我社自 2010 年起从德国知名专业出版集团——康乃馨出版社引进出版了《快乐德语》（prima）系列教材。在过去的十余年来，全国有近百所中小学校将其作为首选德语教材。为适应新的社会发展，康乃馨出版社对该套教材进行了修订，我们也继续与康乃馨出版社合作，推出《快乐德语（第二版）》（prima plus），以进一步满足我国基础教育阶段德语学习者和授课教师的需要。

作为专门为青少年编写的零起点德语教材，《快乐德语（第二版）》严格遵循"欧洲语言共同参考框架"所设定的等级要求，分为 A1-B1 等三个级别，每个级别均配有"学生用书""练习册""词汇手册""学习手册"和"教师用书"等品种。教材内容编写科学、难度循序渐进，特别重视语音的训练，注重语法结构的实际运用。内容丰富，配有大量的语音、词汇、语法、阅读、听力、口语和写作等多样化练习，旨在全面系统地提高学生的听、说、读、写等四项语言能力，激发学生学习德语的热情，提高德语交际应用能力。

与第一版相比，第二版的页面布局更加美观、话题内容更贴近当下、小组活动和项目教学更具可操作性、多媒体配套资源更符合互联网学习的特点。

根据我国青少年德语学习者的特点，我们特别邀请上海外国语大学王蔚副教授为 A1.1 级别学生用书配套编写了语音预备单元，邀请华东师范大学黄惠芳副教授增加了汉语注释并编写了词汇手册，邀请山东大学（威海）张雄老师编写了学习手册。另外，本套教材中相关的音视频资源均可在"爱听外语"APP 中下载使用。

希望学习者快乐地学习德语、学好德语、用好德语！

上海外语教育出版社

2021 年 6 月

prima plus+

Deutsch für Jugendliche
Chinesische Ausgabe

A1.2

Arbeitsbuch

Cornelsen

A1.2 | Deutsch für Jugendliche
Chinesische Ausgabe

🔊 Hier gibt es eine Audioaufnahme.
✏ Hier schreibst du Texte für dein Portfolio.

Im Auftrag des Verlages erarbeitet von
Friederike Jin und Lutz Rohrmann

1 Unsere Zimmer

a Was findest du in diesem Zimmer? Schreib die Wörter mit Artikel und Pluralform.
你在这个房间里找到什么？写出单词及其冠词和复数形式。

Kuckuck, kuckuck!!!

1. *das Bett, -en* 5. _____ 9. _____

2. _____ 6. _____ 10. _____

3. _____ 7. _____ 11. _____

4. _____ 8. _____ 12. _____

b Hör zu und markiere in **1a** den Wortakzent. 听录音并标出 **1a** 中单词的词重音。

c Was siehst du noch im Zimmer? 你在房间里看到了什么？
Notiere Wörter mit Artikel und Pluralform.
Markiere den Wortakzent.
写出单词及其冠词和复数形式，标出词重音。

> *die Kątze, -n , der Vọgel, "-*

d Englisch und Deutsch – Was passt zusammen? 英语和德语——请配对。

table	garden	mouse
computer		
bed	book	
	cd	
lamp	poster	music	house	dvd

der Tisch   der Computer   ~~der Garten~~   das Bett
die Lampe   das Buch   die Maus   die CD
die DVD   die Musik   das Poster   das Haus

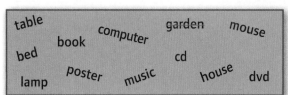

> *garden – der Garten*

2 Wo ist was?

Schreib Sätze zu den Bildern 1–8. 看图 1–8，写句子。

Ich hänge an der Lampe.

~~der Fußball~~	liegen	am Fenster
die DVDs	stehen	an der Wand
der Kaktus	hängen	auf dem Boden
die Kleider		im Regal
die Lampe		an der Decke
das Buch		unter dem Bett
das Handy		~~unter dem Schreibtisch~~
das Poster		zwischen dem Papierkorb und dem Stuhl

1. Der Fußball liegt unter dem Schreibtisch.

2. Die DVDs

3 Hören üben

a Hör zu und markiere. Welches Wort ist betont? 听录音。强调的是哪个词？请标出。

1. Nein, das Buch steht auf dem Tisch.

2. Nein, das Buch liegt unter dem Tisch.

3. Nein, das Buch liegt auf dem Stuhl.

4. Nein, das Heft liegt auf dem Tisch.

b Hör die Fragen 1–4. Welche Antwort aus 3a passt zu den Fragen?
听问句 1–4。3a 中哪个回答与问句相匹配？

c Hör noch einmal und sprich die Antwort laut. 再听一遍，大声跟读。

Frage a) – Antwort: _____   Frage b) – Antwort: _____

Frage c) – Antwort: _____   Frage d) – Antwort: _____

4 Präpositionen trainieren

a Schreib die passende Präposition zum Bild. 看图写出合适的介词。

an_____ _____ _____ _____ _____ _____ _____ _____ _____

b Mias Zimmer – Ergänze die Präpositionen im Text. 填介词。

an – an – auf – auf – in – unter – unter – vor – vor – zwischen – zwischen – zwischen

Ich heiße Mia und bin 13 Jahre alt. Das ist mein Zimmer. Rechts (1) _____ der Wand sieht

man meinen Sessel. (2) _____ dem Bett und dem Fenster steht mein Schreibtisch.

Vorne links (3) _____ Wand steht mein Schrank und hinten links steht ein Regal

(4) _____ dem Regal sind meine Bücher, Schulsachen und Spiele. (5) _____ dem

Regal steht ein Papierkorb und (6) _____ dem Fenster steht mein Rucksack. (7) _____

dem Regal und dem Schreibtisch liegt ein Teppich (8) _____ dem Boden. (9) _____

meinem Schreibtisch steht ein Stuhl. (10) _____ dem Schreibtisch stehen mein Laptop und ein

paar Schulbücher. (11) _____ meinem Bett liegt noch meine Gitarre. Man sieht sie nicht.

(12) _____ dem Schrank und dem Regal sieht man eine Tür. Sie geht zum Zimmer von

meinem Bruder. Mein Zimmer ist klein, aber ich mag es.

c Sieh dir das Foto und den Text noch einmal an und beantworte die Fragen.
仔细看照片，再次阅读短文并回答问题。

1. Wo steht Mias Lampe?   *Sie steht auf dem Schreibtisch.*

2. Wo steht Mias Sessel?   *Er* _____

3. Wie viele Bilder hängen an der Wand? _____

4. Hat Mia einen Fernseher im Zimmer? _____

5. Wo steht der Kaktus? _____

6. Wie findet Mia ihr Zimmer? _____

5 Phonetik: *b/p, g/k* und *d/t*

a Das weiche *b* und das harte *p* – Was hörst du? Hör zu und kreuze an.
你听到是什么？听录音并画叉。

	b	*p*		*b*	*p*		*b*	*p*
ich schrei·be	☐	☐	halb acht	☐	☐	die Blu·me	☐	☐
du schreibst	☐	☐	bas·teln	☐	☐	die Pau·se	☐	☐
ne·ben	☐	☐	ar·bei·ten	☐	☐	sie·ben	☐	☐
pri·ma	☐	☐	braun	☐	☐	sieb·zig	☐	☐

b *g/k* und *d/t* – Was hörst du? Hör zu und kreuze an. 听录音并画叉。

	g	*k*		*g*	*k*		*g*	*k*
die Gi·tar·re	☐	☐	ich lie·ge	☐	☐	ak·tiv	☐	☐
das Kla·vier	☐	☐	es liegt	☐	☐	mon·tags	☐	☐

	d	*t*		*d*	*t*		*d*	*t*
den·ken	☐	☐	das Bild	☐	☐	ro·man·tisch	☐	☐
tan·zen	☐	☐	die Bil·der	☐	☐	ein Hund	☐	☐

6 Ist der Kuli im Bett?

Mia beschreibt ihr Zimmer. Notiere die sechs Unterschiede zum Bild auf Seite 6.
写出与第 6 页图片中的六个不同之处。
Schreib wie im Beispiel. 依照例句把句子写完整。

1. In der Beschreibung *hat Mia einen Hund. Im Bild sieht man keinen Hund.*

2. In der Beschreibung _____

3. In der Beschreibung _____

4. In der Beschreibung _____

5. In der Beschreibung _____

6. In der Beschreibung _____

7 Räum dein Zimmer auf!

Du hörst zwei Dialoge. Zu jedem Dialog gibt es zwei Aufgaben. Kreuze an.
听两段对话，每段对话有两道练习题，请画叉。

Dialog 1

1. Mia sucht ...
   a ihr Deutschbuch.
   b ihr Deutschheft.

2. Ihre Mutter findet es ...
   a im Papierkorb.
   b im Regal.

Dialog 2

1. Mias Mutter sucht ...
   a ihre Brille.
   b ihre Sonnenbrille.

2. Mia findet sie ...
   a unter dem Sessel.
   b neben dem Fernseher.

8 Anweisungen und Bitten

Schreib die Anweisungen und Bitten. 写出命令句。

1. du: den Schrank aufräumen *Räum* _____ bitte _____!

2. du: die Zeitung kaufen _____ bitte _____!

3. ihr: die Musik leise machen _____ bitte _____!

4. du: nach Hause kommen _____ bitte _____!

5. ihr: die Wörter wiederholen _____ bitte _____!

6. du: den Text laut lesen _____ bitte _____!

9 Was musst du zu Hause tun?

a Ergänze die Formen von *müssen*. 补充 müssen 的变化形式。

ich/er/es/sie/man _____ du _____ wir/sie/Sie _____ ihr _____

b Schreib die Sätze. 写句子。

1. ich / jeden Tag um sechs / aufstehen / müssen / .   *Ich muss* _____
2. wann / du / den Aufsatz / schreiben / müssen / ?   _____
3. ihr / den Text / genau / lesen / müssen / .   _____
4. wir / samstags / nicht arbeiten / müssen / .   _____

10 Das ist mein Zimmer.

a Zwei Sprichwörter – Ordne die Teile zu. Welches Bild passt jeweils? 请配对。两条谚语各对应哪张图片？

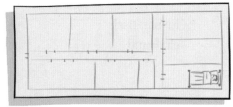 

1. Hat dein Haus auch tausend Zimmer,   a) vor seiner eigenen Tür.
2. Jeder kehrt   b) zum Schlafen brauchst du nur eins.

b Beschreib dein Zimmer: Wie groß ist es? Wo ist was? 描述你的房间：房间面积多少？什么东西在什么地方？

11 Stimmungen – Adjektive wiederholen

a Diese Adjektive kennst du aus prima^plus. Ordne sie in Gruppen.
Es gibt zum Teil mehrere Möglichkeiten. Vergleiche in der Klasse.
将下列形容词写到表格里并在课堂上作比较。答案不唯一。

alt – billig – blöd – böse – braun – einfach – gelb – grau – groß – grün – interessant – kaputt –
klein – lang – langweilig – leise – lieb – nett – neu – ~~rund~~ – ~~rot~~ – ruhig – schick – schön –
schwach – schwarz – schwer – stark – sympathisch – toll – teuer – weiß – wild

Farben/Formen ● △	Sachen	Personen/Tiere
rot, rund	billig	

b Viele Adjektive kann man gut in Paaren lernen. 许多形容词很容易成对学习。
Wie viele Paare findest du? 你可找到多少对呢？

alt – neu

c Kennst du noch weitere Adjektive, die in die Tabelle in 11**a** passen?
你还知道其他可以写到 11**a** 表格中的形容词吗？

12 Traumzimmer – Schreibtraining

a Im Text sind 10 Fehler: 5 x groß/klein und 5 x f/ff, mm/m, ss/s, tt/t.
短文中有 10 个错误：5 个大小写，5 个双辅音或单辅音 f/ff，mm/m，ss/s，tt/t。

Ich heiße Zoe und wohne in Bern in der schweiz. Mein Traummzimmer hat zwei fenster. Es ist sehr
gemütlich. Die Wände sind blau und gelb. Das Zimmer hat kein Bet, ich schlafe auf dem Boden. In
meinem Zimmer sind ein Sofa und zwei Sesel. zwischen dem Soffa und den Seseln steht ein Tisch. Ich
habe auch einen Schrank für meine Kleider. der Schrank ist grün. In dem Zimmer wohnen ich, meine
Katze und mein Vogel. Ich habe viele Pflanzen, denn ich mag pflanzen. An der Wand hängen mein
Fernseher und mein Poster.

b Schreib einen Text über dein Traumzimmer und male ein Bild dazu.
写一篇有关你梦想中的房间的短文，并画（一幅）图。

Leseecke

Schau dir den Cartoon an und ordne die Sprechblasen zu. 仔细观察漫画。将句子 1–5 与气泡对话框配对。

1. Wie bitte???

2. Chaostheorie: die Relativität von Ordnung und Chaos.

3. Projekt? Schule? Physik? Wie?

4. Was ist denn hier los? Räum bitte dein Zimmer auf. Das ist ja furchtbar! Das totale Chaos!

5. Wieso furchtbar? Chaos ist richtig. Ich mache ein Projekt für die Schule. Physik.

Meine Ecke

a **Finde die Reimwörter. Einige musst du im Wörterbuch nachschlagen.**
找出同韵词。有些词需要查阅词典。

nett   Wand   Stuhl   fliegen   Tisch
Bett   frisch   egal   Decke   Haus   Ecke   Zimmer
Besuch   cool   Sekunde   Strand   Stunde
liegen   immer   Fisch   Fenster   Buch
Gespenster   aus   Maus   Regal

b **Schreib Reimsätze.** 写一写押韵句子。

Stuhl – cool

Auf dem Stuhl sitze ich cool.

Mach die Übungen. Kontrolliere im Schlüssel auf Seite 79 und kreuze an:
做下面的练习并比对第 79 页上的答案。根据自身情况画叉。

☺ das kann ich gut   😐 das kann ich einigermaßen   ☹ das muss ich noch üben

1 Ein Zimmer beschreiben   Ergänze den Text. 填空。

Links st__ __ __ mein Be__ __ und rec__ __ __ mein Sch__ __ __ __.
Im Sch__ __ __ __ sind me__ __ __ Kleider. Me__ __ Schreibtisch st__ __ __ unter d__ __
Fenster. A__ __ dem Schrei__ __ __ __ __ __ steht me__ __ Laptop. Ne__ __ __ dem
Schrei__ __ __ __ __ __ steht me__ __ Sessel.

☺ ☐ 😐 ☐ ☹ ☐

2 Über Tätigkeiten zu Hause sprechen   Schreib Sätze wie im Beispiel. 依照例句写句子。

der Rasen / mähen / manchmal   _Ich muss manchmal den Rasen mähen._
1. mein Schreibtisch / aufräumen / oft   _____
2. das Zimmer / sauber machen / fast nie   _____
3. mein Bett / machen / jeden Tag   _____

☺ ☐ 😐 ☐ ☹ ☐

3 Anweisungen geben   Schreib die Anweisungen. 写命令句。

einkaufen gehen (ihr)   _Geht bitte einkaufen!_
1. leise sprechen (ihr)   _____
2. den Satz wiederholen (du)   _____
3. deinen Schreibtisch aufräumen (du)   _____

☺ ☐ 😐 ☐ ☹ ☐

🔊 **4** Eine Zimmerbeschreibung verstehen
Hör zu. Welches Foto passt? 听录音。哪张照片与哪个对话配对？

☺ ☐ 😐 ☐ ☹ ☐

5 Gefühle benennen
Schreib die passenden Adjektive zu den Bildern. 看图片写出合适的形容词。

ütwend   tivak   ohrf   aromtinsch   aurtrig   üdme

1. _____ 2. _____ 3. _____ 4. _____ 5. _____ 6. _____

☺ ☐ 😐 ☐ ☹ ☐

Seite 5

der Sessel, – . . . .

das Zimmer, – . . . .

das Poster, – . . . .

das Fenster, – . . . .

das Bett, -en . . . .

der Schrank, "-e . . . .

der Schreibtisch, -e . . . .

das Notebook, -s . . . .

die Tür, -en . . . .

die Lampe, -n . . . .

der Stuhl, "-e . . . .

das Regal, -e . . . .

der Papierkorb, "-e . . . .

der Teppich, -e . . . .

Seite 6

der Boden, "- . . . .

die Couch, -(e)s . . . .

die Wand, "-e . . . .

der Tisch, -e . . . .

hängen . . . .

die Decke, -n . . . .

Seite 7

liegen . . . .

die Kiste, -n . . . .

Seite 8

das Papier, -e . . . .

dort . . . .

· Ich bin dran. . . . .

Seite 9

ordentlich . . . .

schön . . . .

hell . . . .

gemütlich . . . .

leise . . . .

laut . . . .

· Gib mir mal bitte . . . .

dein Handy. . . . .

*auf*räumen . . . .

· Räum bitte auf. . . . .

Seite 10

schlafen, schläft . . . .

· früh schlafen gehen . . . .

füttern . . . .

die Küche, -n . . . .

sauber . . . .

müssen, muss . . . .

waschen, wäscht . . . .

· Wäsche waschen . . . .

die Farbe, -n . . . .

wild . . . .

hassen . . . .

traurig . . . .

froh . . . .

wütend . . . .

romantisch . . . .

Seite 11

ruhig . . . .

aktiv . . . .

der Quadratmeter, – . . . .

das Sofa, -s . . . .

die Pflanze, -n . . . .

der Fernseher, – . . . .

der Meter, – . . . .

der Bildschirm, -e . . . .

die Musikanlage, -n . . . .

der Lautsprecher, – . . . .

die Größe, -n . . . .

die Möbel (nur Pl.) . . . .

das Gerät, -e . . . .

die Blume, -n . . . .

das Bild, -er . . . .

denn . . . .

Einige lokale Präpositionen

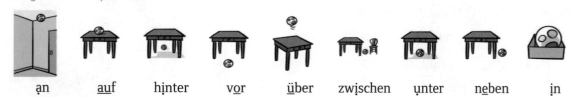

an   auf   hinter   vor   über   zwischen   unter   neben   in

1 Was kennst du? Was isst du gern?

a Hör die Wörter und schreib sie ins Bild. Ergänze den Artikel, den Wortakzent und die Pluralform, wo das möglich ist.
听单词并将其写到图中。补上冠词、词重音以及名词复数形式。

1 die Milch, nur Sg.
2
3
4
5
6
7
8
9
10

b Was essen Deutsche zum Frühstück, zum Mittagessen, zum Abendessen? Und du?
德国人早餐、午餐以及晚餐吃什么？你呢？

Deutsche	ich	Deutsche	ich	Deutsche	ich
Brot					

c Indefiniter Artikel oder kein Artikel? Ergänze. 是不定冠词还是无冠词？补充完整句子。

1. Möchtest du gerne _ein_ Ei zum Frühstück? – Ja gerne,
   ich liebe __X__ Eier.

2. Ich mag _____ Tee nicht, ich trinke gern _____ Kaffee.

3. Möchtest du gerne _____ Saft oder lieber _____ Milch?

4. Isst du gerne _____ Gemüse? – Ja, aber ich esse auch
   gerne _____ Fleisch.

5. Kennst du _____ Quark? – Wir essen zu Hause
   oft _____ mit _____ Kartoffeln.

6. Isst du gerne _____ Äpfel? – Ja, ich esse jeden Mittag
   _____ Apfel.

7. Ich koche gerne _____ Spaghetti mit Tomatensoße.

8. Sind die Nudeln fertig? – Du kannst ja mal _____ Nudel probieren.

2 Interviews in der Klasse

a Wiederholung Konjugation von *essen* und *mögen*. Ergänze die Sätze.
补充句子。复习 essen 和 mögen 的变位。

1. ● Carla und Til, _____ (mögen) ihr Käse?

   ■ Carla _____ (mögen) Käse. Sie _____ (essen) gerne Camembert.

   Ich _____ (mögen) lieber Wurst.

2. ● Was _____ (essen) Sie am liebsten, Frau Schneider?

   ■ Ich _____ (essen) am liebsten Obst, Gemüse und Salat.

3. ● _____ (essen) du oft Kartoffeln?

   ■ Nein, Kartoffeln _____ (mögen) ich nicht.

   Ich _____ (essen) oft Reis oder Nudeln.

4. ● Die meisten in unserer Klasse _____ (essen) gerne Süßigkeiten.

   ■ Ich _____ (mögen) keine Süßigkeiten, ich _____ (essen) gerne Äpfel.

5. ● Carla und Til, _____ (mögen) ihr Milch?

   ■ Ja, wir _____ (mögen) Milch, am liebsten mit Kakao.

b Hören üben: Hör zu und unterstreiche die betonten Wörter. 听录音并在重读的单词下划线。

1. Wurst mag ich nicht, ich esse lieber Käse.
2. Quark kenne ich nicht, aber ich kenne Joghurt.
3. Spaghetti mit Käse mag ich gerne.
4. Fleisch esse ich nicht, ich esse gerne Fisch.

c Hör noch einmal und sprich nach. 再听一遍并跟读。

3 Frühstück, Mittagessen, Abendessen

a Ergänze die Sätze. 补充句子。

gerne – lieber – lieber – lieber – am liebsten – Lieblings… – mag

1. Reis esse ich nicht so _____, ich esse _____ Nudeln.

2. Möchtest du _____ Cola oder Tee?

3. Tee _____ ich nicht. Ich nehme _____ eine Cola.

4. Ich esse gerne Obst, _____ mag ich Ananas.

5. Ich koche heute mein _____essen. Ich esse am liebsten …

b Was passt? Ordne zu und schreib die Fragen. 写出问句，将 1–15 与 a)–k) 配对。

1. Was isst du	a) das Essen?
2. Was trinkst du morgens	b) einkaufen?
3. Was trinkst du lieber,	c) du in der Pause?
4. Was isst	d) kochen?
5. Wer macht in deiner Familie	e) Lieblingsessen?
6. Kannst du	f) nicht?
7. Isst du gerne	g) Süßigkeiten?
8. Findest du Essen	h) Tee, Kakao oder Saft?
9. Musst du manchmal	i) wichtig oder unwichtig?
10. Was magst du	j) am liebsten zum Abendessen?
11. Was ist dein	k) zum Frühstück?

Was isst du am liebsten zum Abendessen?

c Wortstellung: Beantworte die Fragen von **3b** auf Seite 13. Schreib die Sätze in die Tabelle.
回答第 13 页上 3**b** 中的问句，将句子写到表格中。

	Position 2: Verb	
1. *Zum Abendessen*	*esse*	*ich ...*
2.		
3.		
4.		
5.		
6.		
7.		
8.		
9.		
10.		
11.		

d Schreib einen Text über deine Essgewohnheiten. Die Fragen von **3b** helfen dir.
借助第 13 页上 3**b** 的问句写一写你的饮食习惯。

4 Schulkantine

Schreib den Dialog und hör zur Kontrolle.
写对话。听录音并检查。

- Ich gehe essen, kommst du mit?
- ...
- Ehm, heute ist Donnerstag –
  Bohnensuppe mit Würstchen.
- ...
- Ja, die esse ich gerne, du nicht?
- ...
- Auch Bohnensuppe – mit Tofu-Würstchen.
- ...
- Schokoladenpudding.
- ...

- Ich gehe essen, kommst du mit?
- Was haben ...

- Magst du Bohnensuppe?
- Mhm, den mag ich. Ich komme mit und esse Salat und Schokopudding.
- Nein, Bohnen mag ich überhaupt nicht. Und vegetarisch, was haben sie da?
- Oh nein! Und zum Nachtisch?
- Was haben sie denn heute?

5 Phonetik: Das lange *O* und das lange *U*

Hör zu und markiere. Sind die Vokale *o* und *u* lang _ oder kurz . ?
听录音并标出元音 o 和 u 的长短音。长音用 "_" 标注，短音用 "·" 标注。
das Buch – der Hund – die Gummibärchen – die Butter – gut – keine Lust
kochen – das Obst – rot – die Cola – der Vogel – die Kartoffel – die Woche

6 Zusammengesetzte Nomen

a Ergänze den Artikel. 填写定冠词。

die Kartoffel	der Salat	_____ Kartoffelsalat
die Nudel	die Suppe	_____ Nudelsuppe
der Käse	die Soße	_____ Käsesoße
der Curry	die Wurst	_____ Currywurst
die Marmelade	das Brötchen	_____ Marmeladenbrötchen

b Hör zu, sprich nach und markiere den Wortakzent. Jedes Wort hat nur einen Akzent.
听录音并跟读，标出词重音。每个单词只有一个重音。

7 Spezialitäten in (D) (A) (CH)

a Sag es anders. Schreib die Sätze 1–6 mit *man*.
换一种说法。用 man 写句子 1–6。

1. Viele Deutsche essen gerne Kartoffeln.
2. In China essen die Leute gerne Reis.
3. Auf der ganzen Welt kennen und lieben viele Leute die Sachertorte.
4. Die Österreicher sagen „Semmel", die Schweizer „Weggli" und die Berliner „Schrippe".
5. Das Wort „Pizza" verstehen die Leute in der ganzen Welt.
6. In meiner Stadt essen die Leute gerne …

In Deutschland isst man gerne Kartoffeln.
In China …

b Ergänze die Sätze. 填空。

esse – esse – haben wir – heißt – isst – macht – mag

Ich komme aus Frankfurt. In Frankfurt _____ eine Spezialität. Die _____ „Grüne Soße". Die Soße _____ man aus Quark, Joghurt und Mayonnaise und vielen Kräutern. Man _____ sie zusammen mit Eiern oder Fleisch und Kartoffeln. Manchmal gibt es „Grüne Soße" in der Schulkantine. Dann _____ ich sie auch, aber ich _____ lieber Pizza. Am liebsten _____ ich Pizza „Hawaii".

c Schreib einen Text über Spezialitäten in deiner Region.
写一篇短文介绍你所在地区的特色菜。

Bei uns in Rio isst man gerne Feijoada.
In der Feijoada sind Bohnen und Fleisch. …

8 Essen bei uns – Eine E-Mail schreiben

a Ergänze diese Satzzeichen in der E-Mail: . . . . ? ? ! ! : ,
补充电子邮件中的标点符号。

Neue Mail ⇨ **Senden**

Lieber Kofi ,

wie geht es dir Mir geht es gut

Heute schicke ich ein Foto von meinem Lieblingsessen eine Pizza von meinem Vater Er kann sehr gut

Pizza backen Er macht die Pizza immer mit Krabben Das schmeckt gut

Was isst du gerne Schreib mir mal

Liebe Grüße

Lena

---

b Antworte Lena. 给 Lena 回信。

9 Am Imbiss

Hör zu und kreuze an. Richtig R oder falsch F.
判断正误。听录音并画叉。

Dialog 1

a) Sie möchten zwei Pommes ohne Ketchup. R F
b) Sie möchten Cola trinken. R F
c) Das kostet 7,50 Euro. R F

Dialog 2

a) Der Kunde möchte eine Gulaschsuppe mit Brot. R F
b) Der Verkäufer hat kein Mineralwasser. R F
c) Der Kunde trinkt einen Apfelsaft. R F

10 Ja – nein – doch

a Lies die Fragen. Was passt? Kreuze an. 读问句。哪个回答合适，请画叉。

	ja	nein	doch			ja	nein	doch
1. Magst du Pommes?	x	x			5. Trinkst du keine Cola?		x	x
2. Isst du nicht gerne Gemüse?					6. Magst du Apfelkuchen?			
3. Kennst du keinen Quark?					7. Kennst du Müsli nicht?			
4. Trinkst du gerne Tee?					8. Frühstückst du nicht?			

b Hör zu und antworte immer positiv mit *ja* oder mit *doch*.
听录音，用 ja 或 doch 回答。

1. Doch, ich kann Fahrrad fahren.

11 Hören üben

Was hörst du: a oder b ? 你听到的是 a 还是 b ?

1. a Ketchup oder Mayo? b Ketchup und Mayo.
2. a Was möchtest du trinken? b Was möchtest du essen?
3. a Das macht 3,50 Euro. b Das macht 2,50 Euro.
4. a Ich habe keine Bratwurst. b Ich habe nur Bratwurst.
5. a Also, eine Cola und zwei Pommes? b Also, eine Cola und drei Pommes?
6. a Das macht 4,95 Euro. b Das macht 4,59 Euro.

Leseecke: Ein Rezept für Kartoffelpuffer

Ordne zu und bringe die Fotos in die richtige Reihenfolge.

将句子 1–8 与照片配对。按照正确的顺序排列照片。

1. Zuerst musst du die Kartoffeln und die Zwiebel schälen.
2. Dann musst du die Kartoffeln und die Zwiebel reiben.
3. Ein Ei, Mehl und Salz dazugeben.
4. Rühren.
5. Öl in der Pfanne heiß machen.
6. Etwas Kartoffelmasse in die Pfanne geben und braten.
7. Auf der anderen Seite auch braten.
8. Mit Apfelmus zusammen essen.

Guten Appetit!

Meine Ecke – Sprichwörter

Was passt zusammen? Ordne zuerst die Sprichwörter den Bildern zu. Welche Erklärung a–d passt zu den Sprichwörtern 1–4? 将谚语与图片配对。哪个解释（a–d）适合谚语（1–4）？

1. Hast du Tomaten auf den Augen?
2. Ich bekomme das Handy für 'nen Apfel und 'n Ei.
3. Mann, es geht um die Wurst!
4. Das ist doch alles Käse.

a) Das ist Quatsch/Unsinn.
b) Es geht um alles / um die Entscheidung.
c) Du siehst nichts/schlecht.
d) sehr billig

Mach die Übungen. Kontrolliere im Schlüssel auf Seite 79 und kreuze an:
做下面的练习并比对第 79 页上的答案。根据自身情况画叉。

☺ das kann ich gut   ☺ das kann ich einigermaßen   ☹ das muss ich noch üben

1 Sagen, was du morgens, mittags, abends isst   **Ergänze die Sätze.** 补充句子。

1. Morgens zum Frühstück esse ich meistens _____ .

2. In der Pause esse ich zwei _____

   mit _____ und _____

3. Mittags esse ich immer in der Kantine. Man kann _____

   und _____ haben.

   Ich esse immer vegetarisch, ich esse _____ .

4. Trinkst du abends lieber _____ oder _____ ? – Ich mag

   _____ , ich trinke immer Tee.

2 Sagen, was du gerne isst

Schreib Sätze mit gerne, lieber, am liebsten, überhaupt nicht.
用 gerne，lieber，am liebsten，überhaupt nicht 造句。

_____

_____

_____

_____

3 Über Spezialitäten sprechen   **Ordne die Sätze und schreib den Text.** 整理句子写短文。

1. In / Spezialität / haben / Süddeutschland / wir / eine / .
2. heißt / „Maultaschen" / Sie / .
3. In / Maultaschen / ist / Fleisch / Gemüse / und / den / .
4. Man / sie / gern / zusammen / mit / Salat / isst / .
5. Maultaschen / Ich / finde, / schmecken / sehr gut / .

4 Bestellen   **Welche Reaktion (a–d) passt zu welcher Äußerung (1–4)? Hör und ordne zu.**
答句（a–d）分别对应哪句话（1–4）？听录音并配对。

_____ a) Ja, natürlich, richtig viel, bitte.   _____ b) Äh, am liebsten eine Cola.

_____ c) Doch, einen Salat, bitte.   _____ d) Danke.

Seite 13

das Abendessen (nur Sg.) . . . .

das Brot, -e . . . .

der Käse (nur Sg.) . . . .

der Schinken (nur Sg.) . . . .

die Butter (nur Sg.) . . . .

die Wurst, "-e . . . .

der Tee (nur Sg.) . . . .

das Frühstück (nur Sg.) . . . .

das Obst (nur Sg.) . . . .

das Brötchen, – . . . .

das Müsli, -s . . . .

die Milch (nur Sg.) . . . .

die Marmelade, -n . . . .

der Quark (nur Sg.) . . . .

das Joghurt, – . . . .

das Mittagessen (nur Sg.) . . . .

das Gemüse (nur Sg.) . . . .

das Fleisch (nur Sg.) . . . .

die Kartoffel, -n . . . .

der Reis (nur Sg.) . . . .

die Nudel, -n . . . .

der Saft, "-e . . . .

das Mineralwasser (nur Sg.) . . . .

der Hunger (nur Sg.) . . . .

der Durst (nur Sg.) . . . .

Seite 14

kennen . . . .

· Quark kenne ich (nicht). . . . .

der Hamburger, – . . . .

schmecken . . . .

lecker . . . .

· Das schmeckt lecker. . . . .

· überhaupt nicht . . . .

Seite 15

gern, lieber, am liebsten . . . .

· Am liebsten esse ich . . . .

 Kuchen. . . . .

lieber als . . . .

· Er mag lieber Brot als Müsli. . . . .

trinken . . . .

· Trinkst du lieber Wasser . . . .

 oder Cola? . . . .

die Tasse, -n . . . .

der Apfel, "– . . . .

die Kantine, -n . . . .

der Kartoffelsalat (nur Sg.) . . . .

das Würstchen, – . . . .

die Suppe, -n . . . .

die Tomate, -n . . . .

der Kaffee (nur Sg.) . . . .

essen, isst . . . .

der Braten, – . . . .

· Ich esse gerne Braten. . . . .

kochen

· Ich kann kochen. . . . .

Seite 16

das Menü, -s . . . .

vegetarisch

die Soße, -n . . . .

das Ei, -er

probieren

der Nachtisch, -e

die Schokolade (nur Sg.) . . . .

der Kuchen, – . . . .

Seite 17

gleich . . . .

überall . . . .

Süddeutschland (nur Sg.) . . . .

Norddeutschland (nur Sg.) . . . .

das Schnitzel, – . . . .

mit . . . .

· Schnitzel mit Salat . . . .

die Welt (nur Sg.) . . . .

die Spezialität, -en . . . .

berühmt . . . .

der Tourist, -en . . . .

die Lieblingsspeise, -n . . . .

zuerst … dann . . . .

· Das schmeckt super! . . . .

Seite 18

die Bratwurst, "-e . . . .

die Pommes (nur Pl.) . . . .

das Ketchup, - . . . .

die Mayonnaise/Mayo . . . .

· Mit Ketchup, aber . . . .

 ohne Mayo. . . . .

Mein Tipp:
Wörter in Gruppen lernen.
Mein Frühstück: Tee, Butter, Marmelade,
Bits und Bytes …

1 Machen wir was zusammen?

a Ergänze den Dialog. Hör zur Kontrolle. 补充对话。听录音并检查。

Zeit – machen – Ahnung – meine – kommen – besuche – gehen – Ahnung – ~~Samstagnachmittag~~ – Samstag – Holst … ab – Abend

- Was machst du am _Samstagnachmittag_ ?

- Da _____ ich _____ Tante.

- Oh – blöd. Und am _____ ?

- Keine _____ . Um sechs habe ich _____ .

- Wollen wir in die Stadt _____ ?

- Was wollen wir da _____ ?

- Keine _____ , aber Steffi und Olli _____ auch.

- O.k. _____ du mich _____ ?

- Ich bin um sechs da.

- O.k. Alles klar. Bis _____ um sechs dann.

b Ergänze die Sätze zu den Bildern. 看图片补充句子。

Ich gehe   Ich gehe   Ich gehe   Ich gehe

in die Disco.   _____   _____   _____

c Dialogbaukasten – Schreib Dialoge. Vergleiche in der Klasse. 写对话并在课堂上作比较。

A	B
Was machst du am …?	Keine Ahnung.
Willst du mit uns in / ins / zum … kommen?	Da habe ich ein Fußballspiel / Mathetraining / …
Wollen wir eine Fahrradtour machen?	Am … habe ich keine Zeit.
Und am …?	Am … besuche ich meine Oma.
Was wollen wir machen?	Nichts. Hast du eine Idee?
O.k. Ich hol dich um … ab.	Das ist gut. Da habe ich ab … Uhr Zeit.

2 Verneinung mit *nicht* oder *kein*

Schreib die Sätze mit *nicht* oder *kein/e/en*. Die Position von der Verneinung ist mit · markiert.
用 nicht 或 kein/e/en 写否定句。否定的位置已用红点标出。

1. Ich **lese** · gern.
2. Ich habe · **Fahrrad**.
3. Mein Bruder **fährt** · gern Fahrrad.
4. Ich **gehe** morgen · ins Schwimmbad.
5. Robert hat · **Computer**.
6. Ich **telefoniere** · viel mit dem Handy.
7. Er hat · **Freundin**.
8. Sie haben · **Zeit**.
9. Rike **mag** Computerspiele ·.
10. Ich **gehe** heute · in die Stadt. Ich habe · **Lust**.

1. Ich lese nicht gern.   _2. Ich habe kein Fahrrad._

3 Hören üben

🔊 Hör zu und kreuze an. Welchen Satz hörst du: a oder b? 你听到句子是 a 还是 b？听录音并画叉。

1. a Hast du ein Fahrrad?   b Hast du kein Fahrrad?
2. a Ich brauche einen Tennisschläger.   b Ich brauche keinen Tennisschläger.
3. a Ich gehe nicht gern ins Kino.   b Ich gehe nicht ins Kino.
4. a Kannst du gut Einrad fahren?   b Kannst du nicht Einrad fahren?
5. a Ich muss noch üben.   b Ich muss nicht üben.
6. a Spielst du viel mit deinem Bruder?   b Spielst du nicht viel mit deinem Bruder?

4 Monate und Jahreszeiten

a Wie viele Tage haben die Monate? Schreib die Zahlen und die Monate. 这几个月有几天？写出数字和月份。

28/29 Tage: _achtundzwanzig oder_ _____ _Tage: Februar_

30 Tage _____ _Tage: April, ..._

31 Tage _____

b Jahreszeiten – Was macht man wann? Ordne die Wörter zu. Es gibt mehrere Möglichkeiten.
人们什么时候做什么？将季节与单词配对。答案不唯一。

Frühling
Sommer
Herbst
Winter
grün
gelb
braun
weiß
eislaufen
schwimmen
Eis essen
lesen

der Winter, eislaufen

fernsehen
wandern
eine Gartenparty
in die Berge fahren
ans Meer fahren
Skateboard fahren
Ferien
heiß
eine Fahrradtour machen
Ski fahren
Fußball spielen

5 Was ist wichtig im Jahr?

Schau im Internet nach und ergänze die Monatsnamen.
上网找一下并补充月份名称。

C In diesem Monat ist der „Internationale Frauentag".

A Mit diesem Monat beginnt in vielen Ländern das neue Jahr.

B In einem von diesen beiden Monaten ist Karneval.

D In diesem Monat ist der National-feiertag in Deutschland. Seit 1990 ist Deutschland wieder ein Land.

F In diesem Monat ist der National-feiertag in der Schweiz.

E In diesem Monat beginnt der Sommer oder der Winter.

G In diesem Monat ist der Nationalfeiertag in Österreich.

H In diesem Monat ist Weih-nachten.

A _Januar_ _____   E _____

B _____   F _____

C _____   G _____

D _____   H _____

6 Zeitangaben

Ergänze die Präpositionen *um, im, am*. Suche die Antworten. 填写介词：um，im，am。请寻找答案。

1. Ich rufe im September _____ 12 Uhr aus Berlin in Rio an. Wie viel Uhr ist es dort?

2. In Deutschland beginnt der Frühling _____ März. Welche Jahreszeit beginnt dann in Australien?

3. Ich wohne in München. Mein Freund ruft mich immer _____ Abend, _____ 9 Uhr, aus San Francisco an. Welche Tageszeit ist es dort?

Der Corcovado in Rio de Janeiro.

4. _____ Sonntag arbeitet man in der Schweiz nicht. Und wann arbeitet man in Ägypten nicht?

7 Schulzeit und Ferienzeit

Wie heißen die Ferien? Die Tabelle auf Seite 24 im Schülerbuch hilft.
假期叫什么？课本中的表格给你提供帮助。

1. Zwischen Juli und September sind die _____.

2. Die _____ sind im April.

3. Im Februar haben viele Schulen _____.

4. Ende Oktober haben wir _____ .

5. Das Jahr endet (und beginnt) mit den _____.

8 Das macht Spaß

Schreib den Text im Heft. 在练习本上写短文。

ich/mache/gernebergtourenundgeheauchkletternichgeheauchgerne-
schwimmenamliebstenimsommerimseeaberichhabeaucheinwinterhob-
byichsammlebriefmarkendiebriefmarkensammlungistschonsehrgroßsieist-
vonmeineromaichheißeübrigenssandraundwohneinluzerninderschweiz.

Ich mache ...

9 Ein Blog

a Ergänze den Text. 补充短文。

Wir sind die Klasse 7 von der Geschwister-Scholl-Schule in Mannheim. Wir haben v o n 7 Uhr 45
b_ _ 12 Uhr 55 Sch_ _ _ _, dann gehen w_ _ nach Hause. M_ _ kann auch in d_ _ Schule
bleiben u_ _ Hausaufgaben machen. An zw_ _ Tagen in d_ _ Woche haben w_ _ auch
nachmittags Unter_ _ _ _ _ _. Zu Hause es_ _ _ _ wir zuerst zu Mit_ _ _ _. Nach dem
Mitta_ _ _ _ _ _ _ müssen wir Hausau_ _ _ _ _ _ _ machen und ler_ _ _. Die Hausaufgaben
dau_ _ _ vielleicht eine Stu_ _ _ oder zwei. D_ _ kommt darauf an. Manc_ _ _ _ geben alle
Leh_ _ _ viele Hausaufgaben auf u_ _ manchmal nicht. V_ _ den Klassenarbeiten müs_ _ _ _
wir natürlich no_ _ extra lernen u_ _ einige von u_ _ haben auch Nach_ _ _ _ _ _.
Montags, mittwochs u_ _ freitags haben w_ _ nach den Hausau_ _ _ _ _ _ _ Zeit für uns_ _ _
Hobbys und uns_ _ _ _ Freunde. In der Schule gibt es auch Freizeitangebote.

b Schreib einen Beitrag zu Rafiks Blog. 在 Rafik 的博客上写一个帖子。

Tipps zum Schreiben
1. Lies zuerst Rafiks Blog.
2. Sammle Stichworte für deinen Text.
3. Ordne die Stichworte.
4. Schreib deinen Text.
5. Korrigiere deinen Text.
Überlege:
a) groß oder klein,
b) stehen die Verben richtig,
c) Rechtschreibung, z. B. ie/ih, s/ss/ß …

Rafiks Blog

Ich heiße Rafik und bin 13 Jahre alt. Heute beginne ich meinen Blog. Ich wohne in Deutschland, in Hannover. Ich gehe in die Humboldt-Schule. Ich bin in Klasse 8. Meine Lieblingsfächer sind Mathe und Bio. Am Nachmittag mache ich zuerst meine Hausaufgaben. Dann habe ich Freizeit. Ich spiele gern Fußball. Meine anderen Hobbys sind Computerspiele und Tiere. Ich habe einen Hund und eine Katze. Wer schreibt mir?

10 Phonetik: w

a Hör zu und markiere. Welches Wort hörst du? 听录音并标出你听到的是哪个单词？

1. [a] will   [b] Bill
2. [a] wer   [b] Bär
3. [a] Wald   [b] bald
4. [a] wild   [b] Bild
5. [a] wohnen   [b] Bohnen

b Hör zu und sprich nach. 听录音并跟读。

c Hör zu und markiere. Hörst du ein „f" oder ein „w"?
听录音并标出你听到的是 "f" 还是 "w" ？

1. [f] vier	2. [ ] Video	3. [ ] viel
4. [ ] verkaufen	5. [ ] verstehen	6. [ ] Verb
7. [ ] Volleyball	8. [ ] vielleicht	9. [ ] versuchen
10. [ ] Viertel	11. [ ] Vase	12. [ ] vor

11 *Wollen* und *müssen*

a Ergänze die Formen. 补充 müssen 和 wollen 的变化形式。

	wollen	müssen
ich/er/es/sie/man	_____	_____
du	_____	_____
wir/sie/Sie	_____	_____
ihr	_____	_____

Man muss nur wollen!

b Schreib die Sätze mit der richtigen Form von *müssen* oder *wollen*.
以 müssen 和 wollen 的正确变化形式写句子。

1. aufstehen / um 6 / ich / jeden Morgen / müssen / . _____

2. kommen / zu mir / du / am Mittwoch / wollen / ? _____

3. lernen / für den Test / wir / heute / müssen / . _____

4. kommen / am Samstag / ihr / zu uns / wollen / ? _____

5. ausräumen / Anna / die Spülmaschine / müssen / . _____

12 Umfrage zum Thema „Freizeit"

a Eine Umfrage vorbereiten – Schreib Fragen aus den Elementen. Es gibt mehrere Möglichkeiten.
用下面的句子成分写问句。答案不唯一。

~~Wann stehst~~	bist du mit deinen Freunden zusammen?
Wann machst	arbeitest du am Wochenende?
Wann gehst	~~am Wochenende auf?~~
Wann	du ins Bett?
Wie lange	du nach Hause?
Wie oft	gehst du …?
Wie viele Stunden	kommst du …?
Musst du auch	machst du Hausaufgaben?
	machst du Sport?
	morgens aus dem Haus?
	redest du mit deinen Eltern?
	sitzt du vor dem Computer?
	sitzt du vor dem Fernseher?

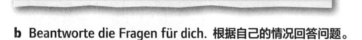

Wann stehst du am Wochenende auf?

Gar nicht! Ich schlafe 48 Stunden.

Wann stehst du am Wochenende auf?

b Beantworte die Fragen für dich. 根据自己的情况回答问题。

Am Samstag stehe ich um 9 auf, denn um 10 spiele ich Fußball.

c Das Wunder von Bern. Du möchtest diesen Film sehen. Es ist ein Fußballfilm. Du hast nur am Samstag oder Sonntag Zeit.

Hör die Kinoansagen. Wann kannst du ins Kino? Kreuze an. 听电影院预告。你什么时候可以看电影？请画叉。

1. ☐ am Samstag um 16 Uhr und um 19.30 Uhr
   im Odeon-Kino.
2. ☐ am Samstag um 16.30 Uhr und um 19.30 Uhr
   im Atlantis-Kino.
3. ☐ am Sonntag um 11 Uhr im Odeon-Kino.
4. ☐ am Sonntag um 12 Uhr, 15.30 Uhr und
   um 17.30 Uhr im Atlantis-Kino.

d Hör noch einmal. Welche Filmtitel hörst du noch? 再听一遍。你还听到了哪些影片名？

Hörstudio

Du hörst zwei Gespräche. Hör jedes Gespräch zweimal. Zu jedem Gespräch gibt es Aufgaben.
听两个对话，每个对话听两遍。每个对话有几个任务。

Markiere die richtigen Lösungen mit einem Kreuz: R für richtig oder F für falsch. 选择正确答案。

Interview 1: Julia Welcker

1. Julia wohnt in Norddeutschland. [R] [F]

2. Sie ist nicht gut in der Schule. [R] [F]

3. In der Freizeit ist sie meistens mit Freundinnen zusammen. [R] [F]

Interview 2: Benjamin Steger

4. Benjamin wohnt in Leipzig. [R] [F]

5. Benjamin macht Sport. [R] [F]

6. Benjamin ist gut in Englisch. [R] [F]

Meine Ecke – Spiegelsätze

a Wie heißen die Sätze? 他们写了什么句子？

1. _____

2. _____

3. _____

4. _____

b Schreibt eigene Sätze auf Zettel und fotografiert sie im Spiegel. Tauscht in der Klasse.
对着镜子拍几个句子并在课堂上交流。

Mach die Übungen. Kontrolliere im Schlüssel auf Seite 79 und kreuze an:
做下面的练习并比对第 79 上的答案。根据自身情况画叉。

☺ das kann ich gut   ☺ das kann ich einigermaßen   ☹ das muss ich noch üben

1 Über Freizeitaktivitäten sprechen/schreiben   **Schreib die Sätze.** 写句子。

1. Musik / Hobby / ist / mein / .   *Mein* _____

2. ich / eine / Band / spiele / in / .   _____

3. spiele / ich / singe / Gitarre / ich / und / .   _____

4. Woche / üben / pro / wir / zweimal / .   _____

5. spielen / Partys / samstags / bei / wir / oft / .   _____

6. beim / spielen / Schulfest / Juli / im / wir / .   _____

☺ ☺ ☹

🔊 **2** Freizeitaktivitäten planen   **Hör zu. Welche Reaktion (a–d) passt zu welcher Äußerung (1–4)?** 听录音。哪种反应（a–d）对应哪句话（1–4）？

_____ a) Dann gehen wir am Sonntag ins Kino, o.k.?

_____ b) Nein, ich möchte lieber Fußball spielen.

_____ c) Keine Ahnung, und du?

_____ d) Ich bin um vier Uhr da.

☺ ☺ ☹

3 Noten, Zeugnisse und Ferien vergleichen   **Richtig R oder falsch F ?** 判断正误。

1. In Deutschland ist eine 1 sehr gut und eine 6 sehr schlecht.   R F
2. In Österreich haben die Schüler etwa zwei Monate Ferien im Sommer.   R F
3. In der Schweiz gibt es ungefähr 10 Wochen Sommerferien.   R F

☺ ☺ ☹

4 Informationen finden   **Lies die Zeitungsanzeigen und die Aufgaben. Ordne zu.** 读一下报纸广告和下面 3 个句子。将下列句子与对应的广告配对。

A	B	C	D
Das Bachgymnasium wird 25 Jahre alt. **Große Party mit Musik von Bach bis R&B.** Eintritt 5 Euro. Schüler des Bachgymnasiums frei.	**Üben macht fit** Wir bieten Training in allen Schulfächern. Gruppen- und Einzelunterricht. Telefon: 0162 2082784	Der Fahrradladen TOP-ANGEBOT Moutainbikes mit Shimano X17 24-Gang-Schaltung, ZX-Bremsen ab 399 €	CINEPLEX Programm Samstag/ Sonntag: 16.00 Shrek 5 18.00 Harry Potter 7 21.00 Merlin

1. Du willst am Wochenende einen Film sehen.   Anzeige _____

2. Eine Schule macht ein Fest.   Anzeige _____

3. Du brauchst Nachhilfe in Englisch.   Anzeige _____

☺ ☺ ☹

Seite 22

das Schwimmbad, "-er ....
· Warum (nicht)? ....
der Quatsch (nur Sg.) ....
· Das ist Quatsch! ....
natürlich ....
der Bikini, -s ....
der Eintritt, -e ....
die Mitternacht, "-e ....
die Gruppe, -n ....
die Technik (nur Sg.) ....
wollen, will ....
die Freizeitaktivität, -en ....
das Theater, – ....
das Problem, -e ....
die Disco, -s ....
die Kirche, -n ....

Seite 23

· Ich habe keine Zeit. ....
· Ich habe keine Lust. ....
die Radtour, -en ....
dabei haben, hat dabei ....
das Kinoprogramm, -e ....

Seite 24

endlich ....
· Endlich haben wir Ferien! ....
das Schuljahr, -e ....
bald ....
das Fest, -e ....
das Freibad, "-er ....
ein paar ....
regnen ....
schulfrei ....
der Monat, -e ....
die Jahreszeit, -en ....
feiern ....

das Zeugnis, -se ....
die Note, -n ....
schlecht ....
· Note 6 ist sehr schlecht. ....
beginnen ....

Seite 25

chillen ....
fotografieren ....
der Berg, -e ....
der See, -n ....
wenig ....
trainieren ....
regelmäßig ....
die Kamera, -s ....
das Auto, -s ....
das Motorrad, "-er ....

Seite 26

dauern ....
· Die Hausaufgaben
   dauern eine Stunde. ....
brauchen ....
· Ich brauche mehr Zeit. ....
darauf ankommen ....
· Das kommt darauf an. ....
die Klassenarbeit, -en ....
extra ....
das/der Blog, -s ....
suchen ....
werden, wird ....
· Sie will Fußballprofi ....
   werden. ....

Seite 27

spazieren gehen ....
reden ....

Jahreszeiten und die Monate

*Es war eine Mutter,
die hatte vier Kinder: den Frühling, den Sommer, den Herbst und
den Winter ...*

der Frühling
der Sommer
der Herbst
der Winter

Januar	April	Juli	Oktober
Februar	Mai	August	November
März	Juni	September	Dezember

Lesen, hören und schreiben

 Das Fußballcamp

a Lies den Text und die Anzeige. Ergänze dann die Tabelle.
读课文和广告并填空。

Beate spielt seit einem Jahr Fußball. Sie liest eine Anzeige über
ein Fußballcamp in den Sommerferien.

Top-Mädchen

Fußballcamp für Mädchen
ab 12 Jahren
Termin: 3.–16. August
Gr... Sportschule Münster
Teilnahmegebühr 380 €...
Informationen und Anmeldung bei

Frauke Bokel-Immermann
(Koordinatorin Mädchenfußball)
Telefon 0162 2090503

Wann ist das Camp?	Was kostet es?	Wo findet es statt?	Wer kann mitmachen?
_____	_____	_____	_____
_____	_____	_____	_____

b Beate spricht mit ihren Eltern. Lies die 1–8. Hör zu und markiere richtig R oder falsch F .
读句子 1–8。听录音，判断正误。

1. Beate ist zu alt für das Camp.   R F
2. Tim möchte auch mitmachen.   R F
3. Beate möchte mit einer Freundin in das Camp fahren.   R F
4. Die Familie von Beate möchte zwei Wochen an die Ostsee fahren.   R F
5. Die Familie von Beate fährt nicht zum ersten Mal an die Ostsee.   R F
6. Das Camp kostet 380 Euro plus Reisekosten.   R F
7. Die Mutter sagt, es gibt ein Problem.   R F
8. Am Ende sagen die Eltern Ja.   R F

Beates E-Mail

a Lies den Text und schau dir die Bilder an. Welche passen zum 10. August?
读课文，观察图片。哪些图片与 8 月 10 日配对?

Neue Mail ⇨ **Senden**

An	kunz@example.de
Betreff	Lebenszeichen am 10.8.

Hallo, Lisa,

jetzt bin ich schon eine Woche im Camp. Es ist super. Es gibt dauernd Training oder Programm. Ich habe keine Minute Zeit. Nicht einmal für eine SMS. Aber heute regnet es den ganzen Tag und wir haben kein Training. Wir sind in der Jugendherberge, schreiben SMS und Mails, hören Musik, sehen fern, machen Spiele – und essen Chips (Das darf die Trainerin aber nicht sehen). Ich habe schon viele neue Freundinnen: Michelle und Dani aus Dresden, Angela und Christiane aus Mannheim und Luisa kommt aus Bogotá in Kolumbien, aber sie wohnt jetzt in Freiburg. Das Fußballtraining ist echt hart, aber es macht Spaß. Münster ist schön. Wir wollen heute Nachmittag mit dem Bus in die Stadt fahren. Ich will eine Postkarte von Münster kaufen und an Mama, Papa und Tim schreiben.
Und ihr: Wie geht's? Was macht ihr gerade? Seid ihr schon in Ferien oder noch zu Hause? Nächstes Jahr gibt es ein Fußballcamp für Mädchen ab 15 in Bayern. Da will ich auch hin.
Wer will mitkommen?
Liebe Grüße an alle
Beate

b Lies den Text noch einmal und beantworte die Fragen. 再读一遍课文并回答问题。

1. Wie lange ist Beate schon im Fußballcamp? _____

2. Wo wohnen die Mädchen? _____

3. Wie findet sie das Fußballtraining? _____

4. Was machen die Mädchen an einem Regentag? _____

5. Woher kommen Beates neue Freundinnen? _____

6. Was will sie am Nachmittag machen? _____

c Antworte auf Beates E-Mail. Schreib mindestens 30 Wörter. 给 Beate 写回信，至少要写 30 个词。

Liebe Beate,

danke für deine Mail. Ich bin ...

Hören und lesen

 Snacks für zwischendurch

a Lies den Text, hör zu und notiere die Antworten von den vier Jugendlichen auf die Fragen.
读短文。听录音并记录四人的回答。

Es ist morgens 10 Uhr, dein Frühstück war um 7.30 Uhr. Du hast jetzt wieder Hunger, das Mittagessen ist aber erst um 12.30 Uhr. Was möchtest du gerne als Snack zwischendurch essen? Was möchtest du auf keinen Fall essen?

A Früchte und Rohkost

B belegte Brötchen

C Süßigkeiten

D Kuchen oder Kekse

Nora: ☺ _____ Kevin: ☺ _____
☹ _____ ☹ _____

Nicolas: ☺ _____ Sara: ☺ _____
☹ _____ ☹ _____

b Und du? ☺ _____ ☹ _____

 Das essen Deutsche gerne als Snack.

Lies den Infotext und ergänze die Snacks in der Grafik. 读以下短文，将零食名称填进图表中。

belegte Brötchen – Früchte und Rohkost – Kuchen oder Kekse – Süßigkeiten – keine Informationen

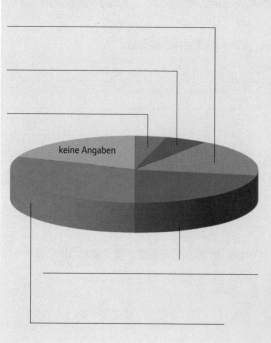

keine Angaben

„Was essen Sie am liebsten als kleinen Snack zwischendurch?", diese Frage hat das Marktforschungsinstitut Nürnberg mehr als 2000 Deutschen gestellt. Sie waren mindestens 14 Jahre alt. Und das sind die Ergebnisse: Sehr viele (28 %) essen am liebsten sehr gesund. Sie essen ungekochtes Obst oder Gemüse als kleine Zwischenmahlzeit. An zweiter Stelle steht etwas Kräftiges: 22 % essen gerne ein Brötchen mit Käse oder Wurst. Nur ungefähr 13 % essen gerne etwas Süßes zwischendurch. Etwas mehr als 7 % der Deutschen essen gerne Schokolade und Gummibärchen und nur gut 6 % essen gerne Kuchen oder Kekse als kleinen Snack zwischendurch. Für die anderen gibt es keine Informationen, sie essen vielleicht unterschiedliche Dinge zwischendurch, essen nichts zwischendurch oder haben keine Informationen gegeben.

Grammatik trainieren

Max wohnt seit einer Woche mit seiner Familie in Kapstadt. Ergänze Tommis E-Mail an Max.
Max 和家人在 Kapstadt 住了一个星期，请补充 Tommi 写给 Max 的邮件。

~~wie~~ – keinen – meinem – muss – auf – war – angefangen – sind – der – weggefahren – im – war – kommen –keine

---

Neue Mail ⇨ **Senden**

Hi, Max!

Wie geht's? Ist alles o.k.? Ich denke den ganzen Tag an dich und an alle Jungs aus _____ Klasse.

Ich bin so einsam hier! Erst _____ alles hektisch: In den ersten Ferientagen haben wir alle Möbel

eingepackt, dann der Flug nach Kapstadt. Das _____ wirklich toll! Aber jetzt sitze ich allein in

_____ Zimmer. Total leer! Unsere Möbel _____ noch nicht angekommen. Ich

habe _____ Schrank, meine Klamotten liegen noch im Koffer. Ich habe kein Bett, ich

schlafe _____ dem Boden. Zum Glück hat die Schule noch nicht _____

und ich muss keine Hausaufgaben machen. Ich sitze meistens auf dem Boden und surfe _____

Internet. Wann hast du Zeit? Wir können mal LoL zusammen spielen. Ist Paul auch da oder ist

er _____ ? Er hat nicht geantwortet.

Ich _____ jetzt Schluss machen. Es gibt Abendessen.

Ich habe aber _____ Lust und auch keinen Hunger.

Unten ist ein Foto. Die Stadt ist wirklich cool. Aber alleine

☹ ☹. Vielleicht kannst du in den nächsten Ferien mal

_____ ?

Tschüs,
Tommi

 Wortschatz trainieren

Mach das Kreuzworträtsel und notiere das Lösungswort. 填字游戏。

1 Die Bücher stehen im …
2 Ich sitze auf dem …
3 März bis Juni. Wie heißt diese Jahreszeit in Deutschland?
4 Sonja hat ein Pferd. Ihr Hobby ist …
5 Ein Zimmer hat vier … Da können Poster hängen.
6 Sommer. Das sind die Monate Juni, Juli und …
7 Sie spielt nicht gerne alleine, sie spielt lieber … mit ihren Freundinnen.
8 Hier liege ich, hier träume ich: im …
9 Meine Jeans und meine T-Shirts liegen im …

7 | Z | U | S | A | M | M | E | N |

Lösungswort (senkrecht ⬇):

Das tun Jugendliche (und Erwachsene) gar nicht gern: _____ .

1 Körper

a Deutsch und Englisch – Ordne zu. 德语和英语——将单词配对。

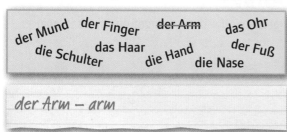

der Mund der Finger ~~der Arm~~ das Ohr
die Schulter das Haar die Hand der Fuß
die Nase

foot shoulder arm mouth
nose
hand finger ear hair

der Arm – arm

b Schreib die Körperteile mit Artikel und Plural in die Zeichnung.
将身体各部位名称及其冠词和复数形式写到图中。

das Haar, die Haare

 c Hör zu, sprich nach und markiere in **1b** den Wortakzent. 听录音并跟读。请标出 **1b** 中单词的词重音。

2 Ich habe Kopfschmerzen.

a Beschreib die Bilder mit je einem Satz. 用一句话描述下列图片。

A

Sein Fuß tut weh.

B

Er hat _____

C

Seine _____

D

E

F

_____

b Wähl einige Elemente aus und schreib eine Entschuldigung.
选几个句子成分，写一封道歉信。

den Test schreiben. – Er/Sie kann nur langsam gehen – kommt
heute leider – ~~Liebe Frau …,~~ – mein Sohn/meine Tochter kann
heute leider nicht – seine/ihre Füße – Sie hat Faulmoriartis –
tun weh. – und muss um 11 Uhr zum Arzt – zu spät zur Schule. –
Mit freundlichen Grüßen

Ort, Datum

Liebe Frau Kindermann,

...

Gruß

3 Die Zirkus-AG

a Bildbeschreibung – Ergänze den Text. 补充短文。

1. Tom *steht* _____ Lukas.

2. Netti _____ _____ den _____
   von Tom und Lukas.

3. Katha _____ _____ den _____
   von Netti.

4. Patti und Ulli _____ _____ den
   _____ von Tom und Lukas.

b Lies die Aufgaben 1–3. Du hörst ein Gespräch. Kreuze an: richtig R oder falsch F .
Hör das Gespräch zweimal. 读句子 1–3。听两遍对话，判断正误并画叉。

1. Leander will nicht zur Zirkus-AG gehen.　　　R F
2. Birthe hat Probleme in Mathematik.　　　R F
3. Sie wollen zusammen Mathe lernen.　　　R F

4 Phonetik: z

a Hör zu und ergänze: *s* oder *z*? 听录音，填写 s 或 z。

1. __abine er__ählt von ihrer Frei__eit.

2. Eine Spe__ialität aus dem __üden von Deutschland: Schwar__wälder Kirschtorte.

3. Von __eptember bis De__ember

4. __acharias __eigt __u__anne __ein __immer.

5. __wischen __ehn und __wan__ig Pro__ent au__ un__erer Klasse mögen __alat.

b Welches Wort hörst du? Kreuze an. 你听到的是哪个单词？请画叉。

1. [x] seit　　[ ] Zeit　　　2. [ ] sehen　　[ ] zehn
3. [ ] Kurs　　[ ] kurz　　　4. [ ] andere Seiten　　[ ] andere Zeiten

5 Modenschau

a Ordne nach dem Artikel und ergänze den Plural. 根据冠词来排列并补充名词的复数形式。

der	das	die
der Rock, die Röcke	das Kleid, die Kleider	
...		

b Markiere den Wortakzent und hör zur Kontrolle. 请标出词重音。听录音并检查。

6 Pluralformen trainieren – Silbenrätsel

Wie viele Wörter im Plural findest du? Ergänze den Artikel und den Singular. Mach eine Tabelle.
你能找到多少个复数单词？列一张表格，将单词的冠词和单复数写到表格中。

sen	Bril	schen	Jun	gen	Ar	rin	Ohr	ße	Stie	der	Köp	Zäh	tel	Klei
fe	chen	sen	Mäd	Au	gen	sen	Fü	Far	Blu	ger	ge	cken	Rü	lo
ben	ne	Na	Ta	Bei	ne	Ho	me	fel	Män	Fin	ver	len		Pul

Singular = Plural (auch mit Umlaut)	Singular –e ⇨ Plural –en	Andere Pluralformen
der Mantel, die Mäntel	die Bluse, die Blusen	der Kopf, die Köpfe

7 Du siehst total gut aus!

a Personalpronomen im Nominativ (Wiederholung) – Ergänze *er, es, sie, sie*. 用 er，es，sie，sie 填空。

1. Die Bluse ist cool, aber _sie_ ist zu weit. 2. Der Pullover ist teuer, aber _____ sieht gut aus.

3. Probier mal das Kleid, _____ ist super. 4. Guck mal, die Schuhe, _____ sind knallrot.

b Ergänze die Personalpronomen im Akkusativ: *ihn, es, sie, sie*. 用 *ihn*，*es*，*sie*，*sie* 填空。

1. ● Nimmst du das T-Shirt?

   ■ Natürlich nehme ich _____ .

2. ● Magst du den Mantel?

   ■ Nein, ich mag _____ nicht.

3. ● Wie findest du die Kappen?

   ■ Ich finde _____ blöd.

4. ● Die Bluse finde ich gut.

   ■ Probier _____ mal.

c Nominativ oder Akkusativ? Ergänze die Personalpronomen. 第一格还是第四格？填写人称代词。

● Und wie findest du den Pullover?

■ Also, ich finde _____ zu eng. Probier mal den. _____ ist in Größe 36.

● Und? Wie ist _____?

■ _____ sieht gut aus. Ich finde _____ cool.

● O.k., dann nehme ich ___.

d Hör zu und antworte. 听录音并回答。

Ich finde ihn total verrückt.

1. total verrückt   2. cool   3. total blöd   4. super   5. echt gut

e Ordne die Gegenteile zu. 将左边的词与反义词配对。

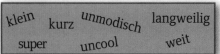

| blöd   cool   eng   groß   interessant   lang   modisch | klein   kurz   unmodisch   langweilig   super   uncool   weit | cool – uncool |

8 Wer ist das?

a Lies die Texte und ordne die Fotos zu. 读短文并将其与照片配对。

A   Ron

B   Elli

C   Kira

D   Johanna

1 ___

Ich bin 1,56 m groß. Meine Haare sind braun und kurz. Ich trage gerne Ohrringe. Im Winter trage ich meistens Jeans, aber im Sommer trage ich Kleider.

2 ___

Meine Haare sind blond, lang und ein bisschen lockig. Meine Hose ist eng und meine Bluse auch. Die Bluse ist weiß. Meine Augen sind braun und ich trage eine Brille.

3 ___

Ich trage am liebsten Kleider und Röcke. Mein Lieblingsrock ist hellblau. Mein Haare sind lang und braun. Ich liebe auch Pullover und Mäntel.

4 ___

Ich bin 1,78 m groß. Meine Haare sind rechts und links ganz kurz. Am liebsten trage ich Jeans und ein T-Shirt. Meine T-Shirts sind alle schwarz. Ich trage gerne Sonnenbrillen.

b Beschreib Johanna. 请描述一下 Johanna。

Sie ist ...

9 Hören üben

 Im folgenden Text sind 6 Fehler. Hör zu und korrigiere. 下面的短文中有 6 个错误。听录音并更正错误。

Ich bin nicht klein, ich bin 1,75 m groß. Ich mag Hosen und Kleider, Hosen trage ich nur im Sommer.

Meine Haare sind schwarz, meine Augen sind braun und meine Lieblingsfarbe ist Pink.

10 Bilder beschreiben

Schreib die Sätze mit dem Verb in der richtigen Form. 用动词的正确形式写句子。

1. sein / er / 1,80 m / groß / ungefähr / .   *Er ist* _____

2. sein / blond / Haare / seine / .   _____

3. glauben / , / ich / Lieblingsfarbe / Schwarz / sein / seine / .   _____

   _____

4. aussehen / er / interessant / .   _____

5. finden / cool / ich / Kappe / seine / .   _____

6. aussehen / sie (Sg.) / sympathisch / .   _____

7. sein / sie (Sg.) / 15 Jahre / vielleicht / alt / .   _____

8. tragen / sie (Sg.) / eine / Jeans / ein / T-Shirt / und / .   _____

   _____

9. tragen / sie (Sg.) / eine / Brille / .   _____

10. finden / super / ich / ihre / Schuhe / .   _____

11 Umfrage zum Thema „Mode"

a Ergänze den Text. 补充短文。

alles – wichtig – finde – sieht – gehen – kennen – nichts – etwas

Mode ist _____ für mich und meine Freunde. Wir _____ oft zusammen

shoppen und _____ die Geschäfte sehr gut. Manchmal haben wir kein Geld, dann

kaufen wir _____ und gucken nur. Ich kaufe _____ selbst, meine Mutter

kauft nichts für mich. Manchmal kauft meine Schwester _____ für mich, das

_____ ich dann auch meistens gut. Meine Schwester ist schon 19 und studiert Modedesign

in Berlin. Sie hat immer super Sachen und _____ toll aus.

b Das Verb *verstehen* – Ergänze die Personalpronomen im Akkusativ. 填写第四格人称代词。

1. ● Verstehst du die Sätze?

   ■ Nein, ich verstehe ___*sie*___ nicht.

2. Die Übung ist blöd! Ich verstehe _____ nicht.

3. Der Dialog ist so schwer! Ich verstehe _____ nicht.

4. Das Spiel ist so kompliziert ! Ich verstehe _____ nicht.

5. ● Kannst du mich verstehen?

   ■ Nein, Sabrina, ich kann _____ nicht verstehen.

6. ● Hallo, Till, kannst du mich verstehen?

   ■ Tut mir leid, Frau Winter, ich verstehe _____ nicht.

7. ● Könnt ihr uns verstehen?

   ■ Nein, wir können _____ nicht verstehen.

Hallo, hallo, wer spricht da? Ich verstehe dich nicht.

c Ergänze die Personalpronomen im Akkusativ. 填写第四格人称代词。

1. ● Guck mal, das Baby.　　　　　　　■ Ich finde _____ so süß!

2. ● Könnt ihr uns sehen?　　　　　　　■ Nein, wir sehen _____ nicht.
   　　　　　　　　　　　　　　　　　　Wo seid ihr?

3. ● Da vorne sind Karla und Robbie.　　■ Ruf _____ doch mal.

4. ● Frau Becht, ist Mode wichtig für_____?　■ Ja, ich liebe Mode.

5. ● Thomas, wer ist der Mann?　　　　■ Ich kenne _____ nicht.

6. ● Ich gehe ins Kino, kommt ihr mit?　■ Ja, gerne, holst du _____ ab?

d Beantworte die Interviewfragen. Schreib über dich. 回答下列访谈问题并写一写关于你自己的情况。

1. Wie siehst du aus?

2. Was trägst du gern (im Sommer/Winter/Schule/Freizeit …)?

3. Sind Kleidung und Mode für dich wichtig?

4. Was ist für dich wichtig?

TIPP

Textkorrektur: Das Verb steht in Aussagesätzen und W-Fragen immer auf Position 2.

Hörstudio – Entspannung – Eine Reise durch den Körper

Schau dir das Bild an. Mach das Buch zu. Hör zu und gehe in Gedanken zu den Körperteilen.

仔细看图片，然后合上书。听录音，想一想身体的各部位。

Meine Ecke – Kreuzworträtsel

Ergänze die Wörter. Was sagt Smarta zu Smarti? 填写单词。Smarta 对 Smarti 说了什么？

1 Blau mag ich besonders gern, das ist meine …

2 Die zehn … braucht man zum Klavierspielen.

3 Zum Essen mit Messer und Gabel braucht man beide …

4 Ich liege beim Schlafen immer auf dem … Andere liegen lieber auf dem Rücken.

5 Die … ist zwischen dem Mund und den Augen.

6 Das T-Shirt ist nicht normal, ich finde es total …

7 Mit den … kann man sehen.

8 Mit dem … kann man lachen, essen und trinken.

9 Im Winter ist es kalt, dann braucht man einen …

10 Braucht man die …? Vielleicht nicht, aber sie sehen gut aus.

11 Da hängen die Arme dran. (Plural)

12 Eine Jeans ist eine …

Du _____ _____ _____!

Oh, danke!!

Mach die Übungen. Kontrolliere im Schlüssel auf Seite 79 und kreuze an:
做下面的练习并比对第 79 页上的答案。根据自身情况画叉。

☺ das kann ich gut　　　😐 das kann ich einigermaßen　　　☹ das muss ich noch üben

1 Über den Körper sprechen　**Schreib die Körperteile mit Artikel und Plural.**
写出身体各部位，写出单词的冠词和复数形式。

_____
_____
_____
_____

☺
😐
☹

2 Ausreden finden　**Ergänze die Texte. 补充短文。**

Meine _____
_____
_____ .
Ich _____ leider
_____ zum Basketball-
Training kommen.

Mein _____
_____
_____
Ich _____ leider
_____ zum Essen
kommen.

☺
😐
☹

3 Personen beschreiben　**Was trägt der Junge? Schreib 5 Sätze. 男孩穿什么衣服？写 5 个句子。**

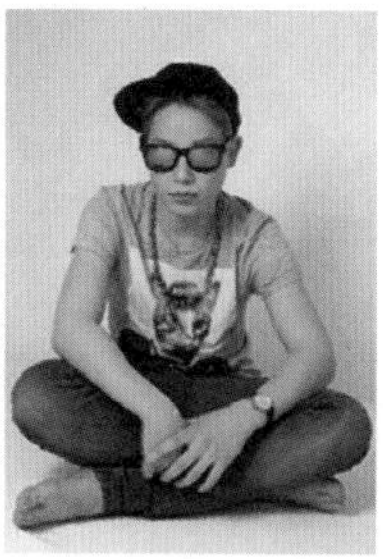

_____
_____
_____
_____
_____

☺
😐
☹

4 Über Kleidung sprechen　**Ergänze die Sätze. Benutze verschiedene Adjektive.**
补充句子，使用各种形容词。

1. ● Wie findest du　2. ● Wie findest du　3. ● Wie findest du　4. ● Wie findest du
   die _Kappe_ ?

   ■ _Ich finde sie_

   interessant.

　■ _____　■ _____　■ _____

☺
😐
☹

5 Thema „Mode"　**Hör zu und kreuze an: richtig ⬜R oder falsch ⬜F ? 听录音，判断正误并画叉。**

1. Tanja kauft gerne Kleidung ein.　　　　　　　　　　R　F
2. Sie gibt jeden Monat 200 Euro für Kleidung aus.　　R　F
3. Tanja probiert nicht gerne Kleidung an.　　　　　　R　F
4. Tanja findet, ihre Mutter kann nicht für sie einkaufen.　R　F

☺
😐
☹

Seite 33

der Arm, -e ....

die Schulter, -n ....

das Bein, -e ....

das Auge, -n ....

der Bauch, "-e ....

der Finger, – ....

der Fuß, "-e ....

das Haar, -e ....

die Hand, "-e ....

der Kopf, "-e ....

der Mund, "-er ....

die Nase, -n ....

das Ohr, -en ....

der Rücken, – ....

der Zahn, "-e ....

die Hose, -n ....

das Hemd, -en ....

die Jacke, -n ....

der Rock, "-e ....

die Kraft, "-e ....

· viel Kraft haben ....

Seite 34

der Mensch, -en ....

die Kopfschmerzen (nur Pl.) ....

die Halsschmerzen (nur Pl.) ....

· Ich habe Halsschmerzen. ....

das Fieber (nur Sg.) ....

die Erkältung, -en ....

weh tun, tut weh ....

· Mein Hals tut weh. ....

· Meine Ohren tun weh. ....

Seite 35

planen ....

das Programm, -e ....

stattfinden, findet ... statt ....

etwa ....

teilnehmen, nimmt ... teil ....

die Aufführung, -en ....

das Training (nur Sg.) ....

fliegen ....

der Zirkus, -se ....

Seite 36

die Mütze, -n ....

das Kleid, -er ....

die Socke, -n ....

der Strumpf, "-e ....

der Turnschuh, -e ....

der Schuh, -e ....

die Sonnenbrille, -n ....

das T-Shirt, -s ....

der Pullover, – ....

der Geschmack (nur Sg.) ....

der Mantel, "– ....

die Jeans (nur Pl.) ....

der Ohrring, -e ....

die Kappe, -n ....

Seite 37

aussehen, sieht ... aus ....

· Du siehst gut aus. ....

Seite 38

blond ....

das Sweatshirt, -s ....

die Lieblingsfarbe, -n ....

lachen ....

tragen, trägt ....

· Ich finde die Person
  sympathisch. ....

· Sie ist ungefähr 1,66 m ....
  groß. ....

Seite 39

die Mode (nur Sg.) ....

· Ist Mode wichtig
  für dich? ....

· Ich finde Mode nicht ....
  so wichtig.

groß – klein, weit – eng, kurz – lang, billig – teuer,
langweilig – verrückt, schön – hässlich,
interessant – uninteressant,
sympathisch – unsympathisch, wichtig – unwichtig

cool – uncool – total (un)cool
toll – verrückt – langweilig

Mein Tipp:
Adjektive in Paaren oder
Gruppen lernen.

1 Die Einladung

a Ergänze den Dialog. Hör zur Kontrolle und lies den Dialog laut.
补充对话。听录音检查并朗读对话。

Musik – Training – Geburtstagsparty –
Geschenk – Freundinnen – am – um – habe –
ist – kennst – kommst – kommt – komme –
fängt … an – mitbringen

- Ich mache _____ Freitag meine _____ . Kommst du?

■ Das _____ blöd. Ich habe am Freitag _____ .
  Wann _____ deine Party _____?

- Um 7.

■ Mist, da _____ ich Training.

- Dann _____ du halt später.

■ O.k., ich bin dann _____ 9 Uhr da. Muss ich etwas _____?

- Klar, mein _____ , aber sonst nichts. Oder doch: _____ .

■ O.k., mache ich. Wer _____ noch?

- Drei _____ . Die _____ du aber nicht.
  Und Tina, Sophie, Geret ... Wir sind 14.

■ Super. Ich _____ gern.

b Schreib die Glückwünsche. 写一写祝贺语。

A L L E S
G U T E
U N D
V I E L
G L Ü C K !

Alles Liebe   Glückwunsch!
Viel Glück und
Spaß im MACH   Alles Gute
ZUM GEBURTSTAG!   nächsten Jahr!
weiter so! Herzlichen   zum Geburtstag!

_____

_____

_____

2 Geschenke

a Emily hat zwei Nachrichten auf dem Anrufbeantworter. Ergänze die Notizen.
Emily 在答录机上有两则消息。补充记录。

Notiz 1	Notiz 2
Name: *Julian*	Name: _____
Tag/Uhrzeit des Anrufs:	Tag/Uhrzeit des Anrufs:
_____	_____
Notiz:	Notiz:
_____	_____
_____	_____

b Was weißt du über den Geburtstag in den deutschsprachigen Ländern? Lies die Sätze 1–5 und
markiere richtig R oder falsch F . Kontrolliere mit dem Text auf Seite 42. 你对德语国家的生日了解
多少？朗读下面的句子。正确的句子用 R 标出，错误的句子用 F 标出。请核对课本第 42 页上的短文。

1. Den Geburtstag feiert man nur mit der Familie.   R F
2. Der 15. Geburtstag ist kein besonderer Geburtstag.   R F
3. Zum Geburtstag bekommt man nur kleine Geschenke.   R F
4. In den deutschsprachigen Ländern schenkt man kein Geld. R F
5. Auf dem Geburtstagskuchen sind Kerzen.   R F

3 Theas Geburtstag

a Ergänze die „Geburtstags…"-Wörter. 补充单词。

1. der Geburtstagsku_____

2. die Geburtstagst_____

3. die Geburtstagske_____

4. das Geburtstagski_____

5. die Geburtstagsp_____

6. der Geburtstagsti_____

b Lies den Text auf Seite 43 im Schülerbuch noch einmal und beantworte die Fragen.
再次朗读课本第 43 页上的短文，回答下列问题。

1. Wo ist der Geburtstagstisch?
2. Wer singt?
3. Wann ist Thea wieder zu Hause?
4. Wann ist die Party?
5. Wer bringt den Kuchen?
6. Was gibt es zum Essen?
7. Wer schaut sich Filme und Videoclips an?

> 1. Der Geburtstagstisch ist im
> Wohnzimmer.

4 Der Super-Geburtstag

In der E-Mail sind 8 Fehler: 4 Verbformen und 4 Präpositionen. Korrigiere sie.
这封电子邮件中有 4 个动词变位错误和 4 个介词错误，请改错。

Neue Mail ⇨ **Senden**

Liebe Thea,

alles Liebe und Gute mit deinem Geburtstag. Ich hoffe, du haben ein super Fest um Freitag. Ich bin

zurzeit aus Bogotá. Das ist in Kolumbien. Heute habe ich frei, aber morgen musst ich dann arbeite.

Auch herzlichen Glückwunsch bei Tante Isabel. Dein Geschenk bringe ich nächsten Monat mit. Dann

besuchen ich euch.

Liebe Grüße (auch an deine Eltern und an Oskar),

dein Onkel Theo ☺

5 *Deshalb*

a Wiederholung *und/aber* – Schreib die Sätze und markiere die Verben im Satz mit *und/aber*.
写句子，把带有 und/aber 句中的动词标出来。

1. Ich habe heute Geburtstag   und / morgen / mein
                                        Bruder / Geburtstag / hat / .

Ich habe heute Geburtstag und mein Bruder hat morgen Geburtstag.

2. Ich mache am Samstag eine Party,   erst nächste Woche / mein Bruder / aber / feiert / .

_____

3. Heute kommen nur Oma und Opa,   alle meine Freunde / am Samstag / aber / kommen / .

_____

b Schreib die Sätze und markiere die Verben im Satz mit *deshalb*. 写句子并标出 deshalb 句中的动词。

1. Ich bin 13,   bis 11 Uhr / kann / feiern / deshalb / ich / .

Ich bin 13, deshalb kann ich bis 11 Uhr feiern.

2. Ich möchte ein Fahrrad kaufen,   Opa und Oma / Geld / bekommen / von / ich / deshalb / .

_____

3. Mein Bruder möchte ein Handy,   von Oma und Opa / er / bekommt / auch Geld / deshalb / .

_____

4. Morgen muss ich früh in die Schule,   die Party / erst am Samstag / mache / ich / deshalb / .

_____

5. Mein Bruder will seine eigene Party haben,   er / nächste Woche / feiert / deshalb / .

_____

6 Vorbereitungen für eine Party

a Schreib die Wörter mit Artikel und Plural. 写出单词以及单词的冠词和复数形式。

1 der Teller, –

b Schreib die Wörter. 写单词。

_____ _____ _____ _____

c Was? Wie viel? Ergänze die Sätze. 什么东西？多少？补充句子。

1. Ich hätte gern 200 _Gramm_ Salami und 300 _____ Gouda-Käse.

2. ● Kannst du noch vier F_____ Mineralwasser kaufen?

   ■ 1-_____-Flaschen oder 1,5-_____-Flaschen?

3. ● Ich hätte gerne ein Brot.

   ■ Wie groß? 500 _____ oder ein _____?

d Phonetik – Hör zu und markiere die Wortakzente: lang _ oder kurz •
听录音并标出词重音：长音用 "_" 标出，短音用 "•" 标出。

1. Er lebt in Berlin.

2. Am nächsten Mittwoch.

3. Die Party fängt abends an.

4. Ich habe viele Gäste.

5. Einen Teller mit Käse und ein Glas Tee, bitte.

6. Wir hatten echt viel Spaß.

7. Wie war das Essen?

e Schneller sprechen – Hör noch einmal und sprich nach. 再听一遍并跟读。

7 Über eine Party erzählen

a Ergänze die Sätze mit den Ausdrücken. 用以下表达补充句子。

hatte viel Spaß – hatte … total Stress – war richtig gut drauf – waren bis 9 Uhr weg

1. Meine Mutter war sauer und deshalb _____ ich _____.

2. Theas Party war klasse, ich _____.

3. Theas Eltern sind cool. Sie _____ und wir

   hatten die Wohnung allein.

4. Thea _____. Sie war total glücklich.

b Ergänze die Tabelle. 填写表格。

	sein		haben	
	Präsens	Präteritum	Präsens	Präteritum
ich	*bin*			
du				
er/es/sie/man				
wir				
ihr				
sie/Sie				

c Ergänze *sein* oder *haben* im Präsens oder Präteritum. 用动词 sein 或 haben 的现在时或过去时来补充句子。

1. Ich *hatte* gestern Geburtstag. Ich _____ jetzt 14 Jahre alt.

2. Meine Mutter kocht gerne. Ihr Essen _____ immer gut. Gestern _____ es super!

3. Ich _____ jetzt auch ein Handy. Im Media-Shop _____ gestern das „sPhone" sehr billig.

4. ● _____ Rike bald Geburtstag?

   ■ Nein, sie _____ schon vor zwei Wochen Geburtstag.

5. ● _____ ihr gestern im Kino?

   ■ Nein, wir _____ keine Zeit. Wir _____ Besuch.

8 Was war gestern, vorgestern, letzte Woche …?

a Schreib die Zeitangaben auf den Zeitstrahl. 把下列时间表达写到时间轴上。

heute – vorgestern – ~~letztes Jahr~~ – gestern – letzten Monat

1. *letztes Jahr*   2. _____   3. _____   4. _____   5. _____ ➤

b Schreib die Sätze mit *sein* oder *haben* im Präteritum. 用动词 sein 或 haben 的过去时写句子。

1. letzte Woche / meine Freundin / krank / .
2. wir / keine Schule / letzten Mittwoch / .
3. in der Schweiz / ihr / letztes Jahr / ?
4 in Österreich / letztes Jahr / wir / .

9 Gestern …

Was war wann? Schreib fünf Sätze mit *sein/haben* im Präteritum über dich.
用动词 sein 或 haben 的过去时写5个关于你的情况的句子。

Gestern … – Letztes Wochenende … – Letzte Woche … – Letzten Monat …– Letztes Jahr – Vor … Jahren …

Leseecke und Hörstudio

 a Lies und ordne den Dialog. Hör zur Kontrolle. 读对话，将对话用正确的顺序排列。听录音并检查。

b Wo passen die Bilder? 图片与对话中的哪段配对？

☐   ☐

● Gestern war ich in der Schule.

■ Na und, ich auch.

● Ich weiß, aber ich war in der Nacht in der Schule.

■ Du warst in der Nacht in der Schule? Warum?

☐

● Nur ich und die Katze.

■ Die Katze?

● Sie war schwarz und groß und sie hatte grüne Augen. Sie war im Lehrerzimmer.

■ Und?

● Die Katze kann sprechen.

■ Aha, die Katze kann sprechen.

● Ja, sie kann sprechen.

■ Und was sagt sie?

● Sie hatte gestern Geburtstag. Sie war früher Mathelehrerin.

■ Und, wie alt ist sie jetzt?

● 111 Jahre. Sie wohnt in der Schule und nachts korrigiert sie Mathearbeiten für die Mathelehrer.

● Auch unsere?

■ Ja.

● Und, was hab ich für eine Note?

■ Du hattest erst eine 5, aber dann hattest du eine 2.

● Super! Äh – was heißt „hattest"? Und „dann"?

☐

● Ich hatte eine Idee.

■ Aha, du hattest eine Idee. Welche?

● Nachts ist die Schule schön.

■ Warum?

● Keine Lehrer! Kein Unterricht, nur Ruhe!

■ War noch jemand da?

☐

■ Dann war da mein Wecker, „Drrrrrrrrrrrrrrrrrr", und meine Mutter: „Timo, aufwachen, 6 Uhr!", und mein Vater: „Timo, aufstehen!"

c Das kannst du noch machen: Spielt den Dialog zu zweit. – Wie sieht die Mathe-Katze aus?
两人一组表演对话。数学猫是什么样的？画一画猫。
Zeichne sie. – Schreib den Dialog zwischen Timo und der Katze.
写一篇 Timo 和猫的对话。

Meine Ecke

a Buchstabensuppe – Mit den Buchstaben kannst du Wörter aus Einheit 12 bauen. Wie viele findest du? Verwende jeden Buchstaben nur **einmal**.
你可以借助字母拼出第12单元的单词。你可以找到多少单词？每个字母只能使用一次。

 Brot

b Mach selbst ein Buchstabenrätsel. Tauscht in der Klasse. 你自己做一个字谜并在课堂上交流。

Mach die Übungen. Kontrolliere im Schlüssel auf Seite 79/80 und kreuze an:
做下面的练习并比对第 79/80 页上的答案。根据自身情况画叉。

☺ das kann ich gut   😐 das kann ich einigermaßen   ☹ das muss ich noch üben

1   Jemanden einladen   **Ordne die Sätze und schreib den Einladungstext.**
按正确顺序排列句子。写一封邀请函。

Ich möchte dich zur Party einladen.

Lieber Ulf,

Jan

Liebe Grüße

Sie beginnt um 17 Uhr und ist um 22 Uhr zu Ende.

ich habe nächsten Mittwoch Geburtstag.

Die Geburtstagsparty ist am Samstag.

2   Glückwünsche aussprechen   **Schreib die zwei Glückwünsche.** 写两句祝福语。

zum Geburtstag!

zum Geburtstag!

Alles Gute

Herzlichen

Glückwunsch

1. _____

2. _____

3   Eine Party planen   **Schreib die Wörter zu den Bildern.** 看图写单词。

1. _____   2. _____   3. _____   4. _____   5. _____   6. _____

🔊 **4**   Über eine Party sprechen

Hör zu und kreuze an: richtig ⬚R⬚ oder falsch ⬚F⬚ ? 听录音，判断正误并画叉。

1. Emily spricht mit Jonas.   ⬚R⬚ ⬚F⬚   4. Das Essen war nicht gut.   ⬚R⬚ ⬚F⬚
2. Emily erzählt von der Party.   ⬚R⬚ ⬚F⬚   5. Die Musik war sehr gut.   ⬚R⬚ ⬚F⬚
3. Emily war total glücklich.   ⬚R⬚ ⬚F⬚   6. Emily liebt Spiele.   ⬚R⬚ ⬚F⬚

5   Über die Vergangenheit sprechen

Schreib die Sätze in der Vergangenheit. 用过去时写句子。

1. letzte Woche / in Basel / sein / ich / .   _Letzte Woche_ _____

2. letztes Jahr / sein / wir / in Berlin / .   _____

3. gestern / haben / Geburtstag / Mika / .   _____

4. toll / die Party / sein / .   _____

5. letzte Woche / Grippe / haben / mein Bruder / .   _____

Seite 41

- Alles Liebe! ....
- Viel Glück und Spaß ....
  im nächsten Jahr! ....
- Alles Gute zum Geburtstag! ....
- Herzlichen Glückwunsch ....
  zum Geburtstag! ....
- Mach weiter so! ....

Seite 42

nächst- ....
- am nächsten Samstag ....
der/die Verwandte, -n ....
das Geschenk, -e ....
das Ding, -e ....
der Gast, "-e ....
die Geburtstagsparty, -s ....
außerdem ....
der Geburtstagskuchen, – ....
die Kerze, -n ....

Seite 43

wecken ....
wach ....
aufgeregt ....
das Wohnzimmer, – ....
hübsch ....
verpacken ....
auspacken, packt ... aus ....
die Geduld, (nur Sg.) ....
duschen ....
frühstücken ....
deshalb ....
sonst ....
ungesund ....
sogar ....
gratulieren ....
schenken ....
der Fotoapparat, -e ....
vorbereiten, bereitet ... vor ....
das Getränk, -e ....
das Geschirr (kein Plural) ....
der Salat, -e ....
- die beste Freundin ....
- der beste Freund ....
klug ....

Seite 44

bleiben ....
- Ich bleibe lange im Bett. ....
Was für ein/eine/ ....
einen/ – ...? ....
- Was für ein Fest ....
  machst du? ....
sparen ....

Seite 45

der Teller, – ....
das Messer, – ....
das Glas, "-er ....
die Gabel, -n ....
das Gramm (g) ....
- Ich möchte 200 g Käse. ....
das Kilogramm (kg) ....
- Ich möchte ein Kilo ....
  Kartoffeln. ....
die Limonade, -n ....
die Packung, -en ....
das Lied, -er ....
mitbringen, bringt ... mit ....

Seite 46

gestern ....
sauer ....
der Stress (nur Sg.) ....
- Ich hatte Stress. ....
gut/schlecht drauf sein ....
- Alle waren gut drauf! ....
weg sein, ist weg ....

Seite 47

vorgestern ....
letzten Monat ....
letztes Jahr ....
krank ....
die Grippe (nur Sg.) ....
der Streit (nur Sg.) ....
vermissen ....

*Das ist lieb, Smarti.
Vielen Dank!*

*Alles Gute
zum Geburtstag
Smarta.*

*Unser Tipp:
Glückwünsche als ganze Sätze lernen.*

1 Eine Stadtführung: Mainz

Ergänze die Wörter. 填写单词。

Schloss – modern – Hochhäuser – Hochhäuser – Dom – Kirche – Schiff –baden – Seite – weit – Brücke – Fluss

Mainzer Dom

Mainzer Schloss

Theodor-Heuss-Brücke

Ich heiße Lilli und meine Stadt heißt Mainz. Von Mainz nach Frankfurt ist es

nicht _____ , nur 40 km. Frankfurt ist _____

und hat viele _____ , Mainz hat wenige

_____ , aber viele historische Häuser: einen

_____ , ein _____ und viele Kirchen.

Der Dom ist sehr groß und sehr berühmt. Wir haben auch eine besondere

_____ , die Stephanskirche, mit Fenstern von Marc Chagall.

Chagall war ein berühmter Künstler. Die Fenster sind sehr schön. Mainz hat auch

einen _____ . Er heißt Rhein. Auf dem Rhein kann man mit dem _____

fahren und im Sommer kann man auch _____ . Auf der anderen _____

vom Rhein ist eine andere Stadt: Wiesbaden. Man kann zu Fuß über die _____ nach

Wiesbaden gehen.

2 Blick aus dem Fenster

a Welche Wörter sind das? Schreib die Wörter mit Artikel und Plural. 写出单词以及单词的冠词和复数形式。

gerb – toua – taserß – brikaf – bsu – asuh – slufs

der Berg, die Berge, das ...

◁)) **b Hör die Wörter und markiere den Wortakzent: lang oder kurz? 听单词并标出词重音：长音还是短音？**

c Schreib die Sätze ins Heft. 将句子写到练习本上。

1. keine Kirchen, / Bei uns / viele Moscheen / gibt es / aber / .
2. nicht / so groß, / Unsere Stadt / ist / aber / ist / sehr schön / sie / .
3. gibt es / viele / Autos, / In unserer Stadt / deshalb / kann / mit dem Fahrrad / nicht gut / fahren. / man
4. klein, / ist / Unsere Stadt / gibt / wenig / deshalb / es / Busse / .

Bei uns gibt es ...

3 Phonetik: Ich-Laut und Ach-Laut

a Sortiere und hör zur Kontrolle. 先归类，再听录音检查。

~~sprechen~~ – die Sprache – das Buch – die Bücher – der Koch – die Köchin – die Woche – das Mädchen – brauchen – der Automechaniker – freundlich

Ich-Laut: *sprechen* _____

Ach-Laut: _____

b Kirche oder Kirsche? – Hörst du *ch* oder *sch*? Hör zu und ergänze. 你听到的是 ch 还是 sch? 听录音并填空。

1. Isst du gerne
   Kir_____en oder
   Kir_____en?

2. Natürlich
   Kir_____en!

3. I_____ esse ni_____t gerne Fi_____.

4. Nä_____ste Woche _____reiben wir den
   Ge_____i_____tstest.

c Hör noch einmal und sprich nach. 再听一次并跟读。

4 Wohnorte: Ein Schüler erzählt.

Was passt zusammen? Schreib den Text ins Heft. 将 1–9 与 a)–j) 配对。将短文写到练习本上。

Ich wohne in Frankfurt.
Das ist unser Haus.

1. Wir wohnen   a) 15 Minuten zur Schule.
2. Das 2. Fenster von links   b) 5 Minuten zu Fuß zur Haltestelle gehen.
3. Hier in Frankfurt ist immer   c) den Bus.
4. Ich gehe gerne   d) im 3. Stock.
5. Meine Schule ist   e) in der Nähe.
6. Ich brauche morgens   f) ist mein Zimmer.
7. Zuerst muss ich   g) shoppen oder ins Kino.
8. Dann nehme ich   h) treffe ich meistens meine Freunde.
9. Im Bus   i) was los.

1. Wir wohnen im 3. Stock.
2. Das ...

5 Mein Schulweg

Schreib einen Text über deine Stadt. 写一篇有关你的城市的短文。

Wo wohnst du? Wie kommst du zur Schule? ... 你住在哪里? 你怎么去学校?

6 Fremd in der Stadt

a Wie muss man gehen? Schreib einen Satz zu jeder Zeichnung. 你该怎么走？每幅图写一个句子。

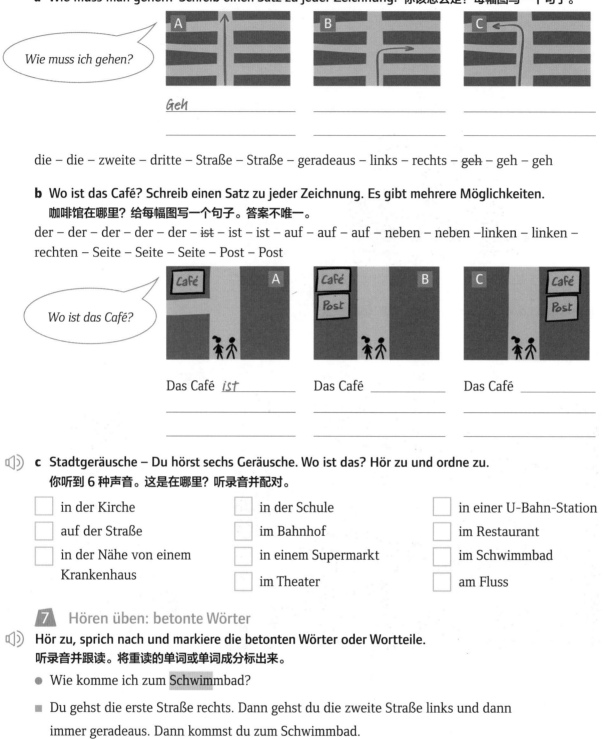

Wie muss ich gehen?

Geh _____

_____

_____

die – die – zweite – dritte – Straße – Straße – geradeaus – links – rechts – ~~geh~~ – geh – geh

b Wo ist das Café? Schreib einen Satz zu jeder Zeichnung. Es gibt mehrere Möglichkeiten.
咖啡馆在哪里？给每幅图写一个句子。答案不唯一。

der – der – der – der – der – ~~ist~~ – ist – ist – auf – auf – auf – neben – neben –linken – linken – rechten – Seite – Seite – Seite – Post – Post

Wo ist das Café?

Das Café *ist* _____

Das Café _____

Das Café _____

c Stadtgeräusche – Du hörst sechs Geräusche. Wo ist das? Hör zu und ordne zu.
你听到 6 种声音。这是在哪里？听录音并配对。

☐ in der Kirche   ☐ in der Schule   ☐ in einer U-Bahn-Station
☐ auf der Straße   ☐ im Bahnhof   ☐ im Restaurant
☐ in der Nähe von einem ☐ in einem Supermarkt   ☐ im Schwimmbad
   Krankenhaus   ☐ im Theater   ☐ am Fluss

7 Hören üben: betonte Wörter

Hör zu, sprich nach und markiere die betonten Wörter oder Wortteile.
听录音并跟读。将重读的单词或单词成分标出来。

● Wie komme ich zum Schwimmbad?

■ Du gehst die erste Straße rechts. Dann gehst du die zweite Straße links und dann
   immer geradeaus. Dann kommst du zum Schwimmbad.

8 Wie komme ich zum Bahnhof?

a Ergänze die Kurzformen. 补充缩写形式。

bei dem ⇨ *beim*   von dem ⇨ _____   zu dem ⇨ _____   zu der ⇨ _____

b Ergänze *zur* oder *zum*. 用 *zur* 或 *zum* 填空。

1. Entschuldigung, ich möchte _____ Rathaus.   2. Meine Mutter fährt mit dem Auto _____ Arbeit.

3. Wie komme ich _____ Stephanskirche?   4. Mein Zahn tut weh. Ich muss _____ Zahnarzt.

5. Um wie viel Uhr gehst du _____ Schule?   6. Ich gehe _____ Training. Kommst du mit?

c Ergänze die Artikel der Nomen und dann die Dativformen in den Sätzen 1–8.
先填写名词的冠词，然后在句子 1–8 中填写第三格形式。

die Schule _____ Familie _____ Schiff _____ Geburtstag _____ Schweiz
_____ Wochenende _____ Bahnhof

1. Morgen müssen wir nicht *zur* Schule gehen, morgen ist schulfrei.

2. Tina fährt mit d_____ Familie nach Norwegen. Sie fahren mit d_____ Schiff.

3. Ich bekomme z_____ Geburtstag viel Geld, mindestens 200 €.

4. Woher kommt Laura? – Sie kommt aus d_____ Schweiz.

6. Nach d_____ Schule muss ich erst Hausaufgaben machen.

7. Seit d_____ Wochenende bin ich so müde.

8. Die Apotheke ist in der Nähe v_____ Bahnhof.

d Schreib den Dialog ins Heft und hör zur Kontrolle.
将对话写到练习本上。听录音并检查。

Danke schön.

Also die erste rechts, dann immer geradeaus.

Bitte.

Ja, genau, du brauchst ungefähr 5 Minuten.

Entschuldigung, ich suche die Post.

Das ist ganz einfach. Geh die erste Straße rechts und dann immer geradeaus. Dann kommst du direkt zur Post.

9 Ein Wochenende in Frankfurt

Ergänze die Wörter. 填写单词。

zum Schluss – dann – deshalb – da – da oben – aber – zuerst

Schüler-Blog	**⁺Kommentar**	**Suchen**	⇨ **Startseite**

Eine Woche in Deutschland

Seit gestern sind wir in Frankfurt. Frankfurt ist cool.

Wir haben _____ einen Stadtrundgang gemacht, Kultur

(Goethehaus, Rathaus und Dom und so) und _____ waren wir

shoppen. Alina und Celine haben natürlich stundenlang eingekauft.

Mädchen! _____ war ich mit Chris im Media-Shop.

_____ habe ich ein Handy mit einer 20-MP-Kamera gesehen.

_____ waren wir abends auf dem

Maintower, 198 m hoch (siehe Foto)! _____ haben wir zu

Abend gegessen, in einem tollen Restaurant. Das war sehr lecker,

_____ auch sehr teuer. Morgen sind wir in Hamburg und am Freitag

fahren wir nach Berlin!

10 Über die Vergangenheit sprechen

a Wiederholung: Präteritum und Präsens von *sein* und *haben*. Ergänze die Sätze.
复习动词 sein 和 haben 的过去时和现在时。补充句子。

1. Heute _____ wir viel Zeit.

   Gestern _____ wir keine Zeit.

2. Gestern _____ du kein Geld.

   _____ du heute Geld?

3. Jetzt _____ wir in Frankfurt.

   Letzte Woche _____ wir in Hamburg.

4. Wo _____ ihr gestern Abend?

   Und wo _____ ihr heute?

5. Vor dem Essen _____ wir Hunger.

   Jetzt _____ wir satt.

6. Letztes Jahr _____ Fred in Kenia.

   Jetzt _____ er in Namibia.

7. Letzten Monat _____ wir keine Kunst. Jetzt _____ wir wieder Kunst.

8. 2014 _____ Deutschland Fußballweltmeister. 2018 …

b Ergänze das Partizip. 填写动词的第二分词形式。

machen _____*gemacht*_____   essen _____   kaufen _____

sehen _____   verlieren _____

c Perfekt – Ergänze *haben* und das Partizip aus 10**b**. 填写 haben 和 10**b** 中的分词。

Neue Mail　　　　　　　　　　　　　　　　　　　　　　　⇨ **Senden**

Liebe Oma, lieber Opa,

wie geht es euch? Uns geht es gut. Heute haben wir eine Stadtbesichtigung ge_____ .

Wir _____ viel _____ , den Dom, das Rathaus und das Goethehaus.

Mittags _____ wir „Grüne Soße" _____ , das ist eine Frankfurter

Spezialität. Ich finde sie gut, Celine findet sie furchtbar und Chris _____ natürlich eine

Pizza _____ . Er isst immer Pizza. Wie langweilig!

11 Verloren und gefunden

Schreib die Fragen ins Heft. Beantworte die Fragen für dich. 将问句写到练习本上。回答问题。

1. schon / Warst / du / in Frankfurt / ?
2. Hast / Geld / verloren / du / schon einmal / ?
3. Was / gefunden / hast / schon einmal / du / ?
4. Quark / du / schon einmal / Hast / gegessen / ?
5. etwas / Hast / heute / du / gekauft / ?
6. hat / deine / Wer / Hausaufgaben / gemacht / ?
7. Hast / das PC-Spiel „Memoria" / gesehen / du / schon / ?

Warst du schon in Frankfurt?

— Ja, ich war schon in Frankfurt.

— Nein, ich war noch nicht in Frankfurt.

◁)) Hörstudio

Wie kommt Laura zu ihren Freunden? Zeichne den Weg in das Labyrinth.
Laura 怎么去她的朋友那里？画一画去迷宫的路。

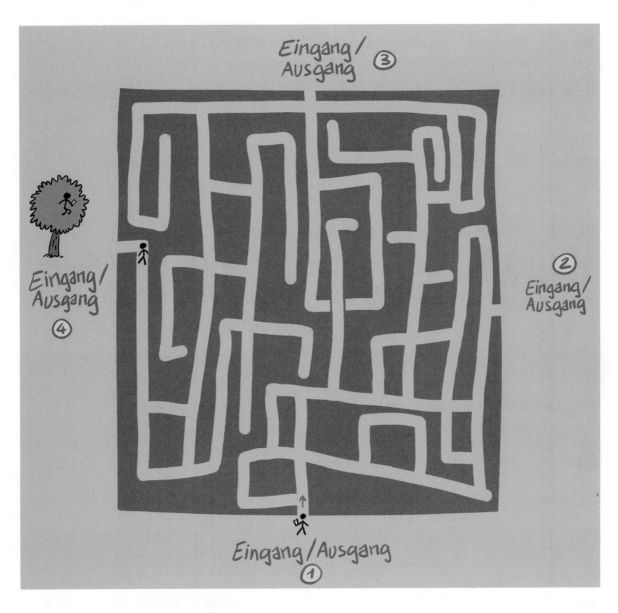

Meine Ecke

a Kennst du die Wörter? 你认识这些单词吗？

1. **LEHALSTELTE** _____

2. **CHEKIR** _____

3. **HOFBAHN** _____

4. **AUSRAGEDE** _____

5. **MARKTPERSU** _____

6. **BESTADTGUNGTISICH** _____

b Mach selbst Worträtsel. Tauscht in der Klasse. 你自己做一个填字游戏并在课堂上交流。

Mach die Übungen. Kontrolliere im Schlüssel auf Seite 80 und kreuze an:
做下面的练习并比对第 80 页上的答案。根据自身情况画叉。

😊 das kann ich gut   😐 das kann ich einigermaßen   🙁 das muss ich noch üben

1   Über eine Stadt sprechen   **Ergänze die Wörter. 填写单词。**

es gibt – es gibt – gibt es – sind – finde – es gibt – fahren – haben – mag

Meine Stadt ist sehr groß. Hier _____ viele Hochhäuser. Sie _____ sehr modern

und ich _____ sie interessant. Aber _____ auch eine historische Altstadt.

In meiner Stadt _____ viele Busse und wir _____ natürlich auch eine

U-Bahn. _____ auch einen Fluss und _____ Berge in der Nähe.

Ich _____ meine Stadt sehr.

2   Den Schulweg beschreiben   **Schreib den Text. 写短文。**

| 5 Minuten / Bus-haltestelle / gehen | Freundin / treffen | 10 Minuten Bus / fahren | 5 Minuten / zur Schule / gehen |

Katja braucht … bis zur Schule. Sie muss zuerst … . Dort … . Sie … . Zum Schluss …

3   Nach dem Weg fragen   **Schreib die Fragen. 写问句。**

Bahnhof?   _____

Hauptstraße?   _____

4   Eine Wegbeschreibung verstehen

🔊 **Hör zu und zeichne den Supermarkt und den Weg zum Supermarkt in den Stadtplan.**
听录音，画超市。在城市地图上绘制通往超市的路。

Bahnhof

5   Über die Vergangenheit sprechen

Schreib die Sätze in der Vergangenheit. 用过去时写句子。

1. sehen / Marie / gestern / in der Stadt / ein T-Shirt / .   _____

2. verlieren / sie / letzte Woche / ihr Geld / .   _____

3. kaufen / Deshalb / sie / gestern / nichts / .   _____

Seite 49

der Fluss, "-e ....

die Brücke, -n ....

das Hochhaus, "-er ....

das Rathaus, "-er ....

die Kirche, -n ....

der Berg, -e ....

das Schiff, -e ....

das Museum, Museen ....

das Zentrum, Zentren ....

international ....

der Flughafen, "– ....

die Bank, -en ....

der Geburtsort, -e ....

der Dichter, – ....

geboren ....

hoch ....

· Das Hochhaus ist
  259 Meter hoch. ....

· die fünftgrößte Stadt ....

Seite 50

das Büro, -s ....

die Firma, Firmen ....

die Altstadt, "-e ....

modern ....

die Straßenbahn, -en ....

der Bus, -se ....

· mit dem Bus fahren ....

das Dorf, "-er ....

Seite 51

der Stock (nur Sg.) ....

· der erste Stock

die Haltestelle, -n ....

die Station, -en ....

die U-Bahn, -en ....

· mit der U-Bahn fahren ....

· zuerst … dann … ....
  zum Schluss ....

der Garten, "– ....

alleine ....

brauchen ....

· Ich brauche 20 Minuten zur Schule........

Seite 52

· Gehen Sie die erste/ ....
  zweite/dritte ....
  (Straße) links. ....

geradeaus ....

· Geh geradeaus und
  dann rechts. ....

die Ecke, -n ....

· an der Ecke

das Hotel, -s ....

· auf der linken/rechten Seite...........

Seite 53

die Post (nur Sg.) ....

der Bahnhof, "-e ....

· in der Nähe von ....

der Zug, "-e ....

Seite 54

der Blick, -e ....

das Restaurant, -s ....

die Stadtbesichtigung, -en ....

der Kopfhörer, – ....

treffen, trifft, getroffen ....

die Hälfte, -n ....

die Katastrophe, -n ....

die Tüte, -n ....

verlieren, verliert, verloren ....

· Wir haben die Tüte ....
  verloren. ....

Seite 55

finden, findet, gefunden ....

· Guck mal! ....

wirklich ....

die Chance, -n ....

das Glück (nur Sg.) ....

· Glück haben

das Eis ....

> Mein Tipp:
> *Verben immer mit Perfekt lernen.*
> lesen, sie liest, sie hat gelesen
> verlieren, er verliert, er hat verloren

> Mein Tipp:
> *Präpositionen immer in Ausdrücken lernen:*
> in der Nähe, zum Bahnhof, ins Kino
> über die Brücke, am Fluss

1 Ferien machen – Kreuzworträtsel

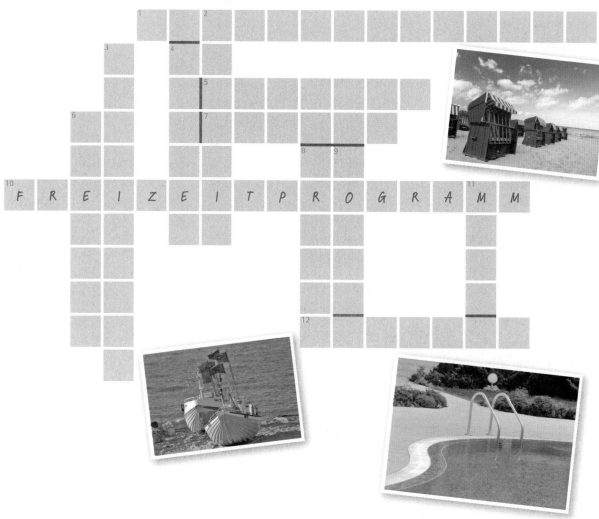

The crossword includes the filled answer: F R E I Z E I T P R O G R A M M

Waagerecht:
1. Hier kann man billig übernachten.
5. Das andere Meer zu Nr. 4
7. Ihre Ferien verbringen viele Deutsche am … in Spanien.
10. Im Ferienkurs kann man gut lernen und es gibt auch ein …
12. Österreich ist als Reiseland sehr … bei den Deutschen.

Senkrecht:
2. Das Gegenteil zu teuer. So ähnlich wie billig.
3. Ich liebe Wasser. Ich gehe jede Woche ins …
4. Deutschland hat zwei Meere: die … und die Nr. 5.
6. Ich kann nicht wegfahren. Ich muss zu Hause …
8. Der … ist für viele Menschen die beste Zeit im Jahr.
9. Das wollen alle im Sommer.
11. Die Nordsee ist eines und der Atlantik auch.

2 Interviews: Was machst du in den Ferien?

a Hör zu und korrigiere die Sätze. 听录音并改正句子。

Interview 1
1. Er fährt im Juli weg.
2. Die Familie fliegt mit dem Flugzeug.
3. Sie übernachten in einer Jugendherberge.

Interview 2
1. Sie übernachtet im Hotel.
2. Ihre Freundin kann bestimmt mitfahren.
3. Sie wandert sehr gerne.

1. Er fährt im August weg.
_____
_____

_____
_____
_____

b Was passt? Ergänze die Sätze. Es gibt mehrere Möglichkeiten. 补充句子，答案不唯一。

Berlin – auf dem Campingplatz – dem Fahrrad – meinen Freund – Freunde – Freunden – den Großeltern – meine Großeltern – zu Hause – im Hotel – in der Jugendherberge – ~~Spanien~~ – meine Tante – dem Zug – dem Bus

1. Ich fahre nach   *Spanien /* _____

2. Ich fahre zu   _____

3. Ich besuche   _____

4. Ich fahre mit   _____

5. Ich übernachte   _____

6. Ich bleibe   _____

3 Reisegepäck

a Was ist im Koffer und auf dem Bett? Schreib die Nomen mit Artikel und Pluralform.
箱子里和床上都有什么？写出名词以及名词的冠词和复数形式。

b Viel Gepäck – Hör zu, was will Franziska alles mitnehmen? Markiere in **3a**.
听录音，Franziska 想带些什么？请在 **3a** 图中标出来。

c Fantasiereise – Liga, Anna, Ingrida, Janis und Karlis leben in Lettland, in Riga. Das ist ihr Reiseplan. Hör zu und markiere die Reise in der Karte.
Liga，Anna，Ingrida，Janis 和 Karlis 住在拉脱维亚的里加。这是他们的旅行计划。听录音并在地图上标记行程。

d Hör noch einmal. Wo sind die Jugendlichen wann? Was kostet die Übernachtung?
再听一遍。这些少年人什么时候在什么地方？过夜费用是多少？

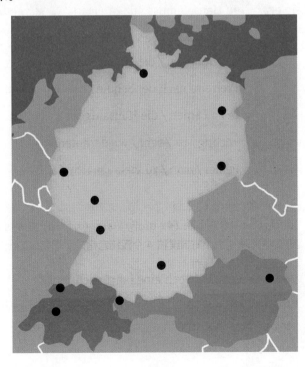

1. Tag Heidelberg, 22 Euro.

2. Tag ...

4 Deutschlernen in den Ferien

Lies die E-Mail von Ilka an ihre Eltern. Kreuze bei 1–6 an: richtig R oder falsch F?
读一下 Ilka 写给她父母的电子邮件。判断正误并画叉。

1. Ilka muss nicht viel machen. R F
2. Sie steht um 7 Uhr 30 auf. R F
3. Morgens ist immer Unterricht. R F

4. Nachmittags ist jeden Tag Unterricht. R F
5. Man macht auch Ausflüge. R F
6. Abends spielen alle zusammen. R F

Neue Mail ⇨ **Senden**

Liebe Mama, lieber Papa,

jetzt bin ich schon fast eine Woche in Bremen. Ich habe schon viel
Deutsch gelernt. Deshalb hier eine E-Mail auf Deutsch für euch. Es
ist toll hier. Man muss viel lernen, aber es macht unheimlich Spaß.
Leider müssen wir früh aufstehen. Schon um halb acht. Um Viertel
nach acht gibt es Frühstück. Das Frühstück ist echt gut. Obst und
Marmelade, aber auch Käse (na ja, muss nicht sein!) und Orangen-
saft und Müsli.

Von 9 bis halb eins ist dann Unterricht. Aber das ist total locker.
Nicht wie in der Schule. Wir machen viele Projekte und Spiele und
haben echt Spaß. Um halb eins ist Mittagessen. Das war schon gut und nicht so gut und danach ist Unterricht oder
wir machen Ausflüge. Nach dem Abendessen (gut!) machen wir dann ein Abendprogramm. Man kann aber auch mal
einfach chillen und einen Film ansehen (auf Deutsch natürlich).

Also, ich finde es super hier. Ist bei euch alles o.k.?

Gruß (auch an Malle)

Ilka

PS: Auf dem Foto sind die Bremer Stadtmusikanten.

---

5 Debatte – Pro und kontra Hausaufgaben

Schreib die Sätze. Welche sind pro Hausaufgaben und welche kontra? Vergleicht in der Klasse.
写句子。哪些句子是赞成回家作业的？哪些句子是反对回家作业的？请在课堂上作比较。

1. _pro___ zu Hause / muss / üben / man /. _Man muss_____

2. _____ die Hausaufgaben / können / oft nicht /
   kontrollieren / die Lehrer /. _____

3. _____ Freizeit / nach der Schule / brauchen / wir /. _____

4. _____ beim Lernen / die Hausaufgaben / helfen /. _____

5. _____ wichtig / ist / sehr / wiederholen /. _____

6. _____ Fehler / man / zu viele / macht /. _____

6 Der Tagesausflug – Kurstagebuch

Im Text sind 8 Fehler (4x groß/klein, 4x Doppelkonsonant (ll, pp …). Markiere und korrigiere.
短文中有 4 个大小写错误和 4 个双辅音错误。把错误标出来并改正。

Wir haben am Mitwoch eine fahrt nach Stuttgart gemacht. Da haben wir das Mercedes-Benz-Muse-
um gesehen. Das war tol. Dan haben wir eine Stadtrallye gemacht. Die aufgaben waren ganz schön
schwer. Unsere Grupe hat immer Deutsche gefragt, aber wir haben die antwort nicht verstanden. das
war lustig.

7 Phonetik: *ng*

Diese Wörter gibt es nicht. Aber: Ist das *ng* richtig gesprochen oder hörst du ein g?

这些词不存在。但是：*ng* 的发音正确，还是你听到的是 g？

Kreuze an: R (richtig): Ich höre kein „g", F (falsch): Ich höre ein „g".

请画叉：R：我没有听到" g"。F：我听到" g"。

1. kangen	R F	2. longen	R F	3. mingen	R F
4. dengen	R F	5. schungen	R F	6. nangen	R F

8 Positionsveränderung oder nicht: *sein* oder *haben*

a Schreib die Verben zu den Bildern. 看图片，写动词。

1. l*aufen*   2. g_____   3. f_____   4. k_____   5. f_____

b Perfekt mit *haben* oder mit *sein*? Ergänze die richtige Form. 填写动词 haben 或 sein 的正确形式。

Gestern war ein Pechtag. Ich bin zu spät aufgestanden. Dann ___*habe*___ ich schnell gefrühstückt, ich _____ nur Milch getrunken und nichts gegessen. Keine Zeit!

Um Viertel nach sieben _____ ich mit Marie zur Bushaltestelle gegangen. Wir _____ viel gesprochen und _____ zuerst langsam gegangen. Der Bus _____ gekommen, wir _____ ihn gesehen und _____ schnell gelaufen, aber er _____ uns vor der Nase weggefahren.

Dann _____ wir zu Fuß zur Schule gegangen und ich _____ ein Brötchen gekauft, denn ich hatte Hunger. Natürlich _____ wir zu spät zur Schule gekommen und hatten Stress.

c *Haben* oder *sein*? Ergänze die Perfektformen. 助词是 haben 还是 sein? 填写下列动词的分词形式。

gehen – schreiben – sprechen – fliegen – kommen – lesen

1. Meine Eltern ___*sind*___ gestern mit dem Flugzeug in die USA _____ .

2. Gestern Abend _____ Ralf und Alina ins Kino _____.

3. _____ du Tante Sabine schon eine E-Mail zum Geburtstag _____?

4. _____ du die neue „GIRL" schon _____?

5. Ralf _____ in der Pause mit Alina _____.

6. Wann _____ du gestern nach Hause _____?

9 Hören üben

Hör die Sätze. Ein Wort fehlt in jedem Satz. Ergänze das Wort.

听句子。在每一个句子中都缺少一个单词。请补充。

1. *geflogen*   2. _____   3. _____   4. _____

5. _____   6. _____   7. _____   8. _____

10 Was hast du vorgestern gemacht?

Schreib die Geschichte in der Vergangenheit.
用过去时写故事。

Nicht vergessen:
sein *und* **haben** *immer im Präteritum. Alle anderen Verben im Perfekt.*

1. sein: Tim / im letzten Jahr / in der Schweiz / .

2. fahren: er / alleine / mit dem Zug / .

3. verlieren: er / im Zug / sein Geld / .

4. suchen: er / sein Portemonnaie / überall / .

5. kommen: dann / der Kontrolleur / .

6. haben: Tim / keine Fahrkarte und kein Geld / .

7. helfen: der Kontrolleur / Tim / .

8. finden: schließlich / sie / das Portemonnaie / .

der Kontrolleur

der Geldbeutel

Tim war

11 Ferienpostkarten

a Ergänze die Postkarte. 补充明信片内容。

Lieber Chris, li___ ___ ___ Katia,
wir si___ ___ seit gestern Nachm___ ___ ___ ___ ___ in Hamburg.
Ges___ ___ ___ ___ hat es gere___ ___ ___ ___ und wir wa___ ___ ___
zuerst total tra___ ___ ___ ___. Aber dann si___ ___ wir in den Zoo
geg___ ___ ___ ___ ___. D___ ___ war toll. He___ ___ ___ scheint die So___ ___ ___.
Wir sind sc___ ___ ___ um 8 U___ ___ aufgestanden und si___ ___ seit 9 U___ ___
unterwegs. Zuerst ha___ ___ ___ wir ei___ ___ Hafenrundfahrt gemacht.
Da___ ___ sind wir z___ ___ Michel gegangen.
D___ ___ Blick auf Ham___ ___ ___ ___ und den Ha___ ___ ___ war super.
Je___ ___ ___ sitzen wir a___ ___ dem Fischmarkt u___ ___ essen zu Mit___ ___ ___.
Liebe Gr___ ___ ___
Merle & Zelika

b Ordne und schreib die Postkarte. 按正确顺序排列明信片并写出来。
Nach dem Mittagessen machen wir eine Fahrt auf der Elbe. –
Merle – Heute Morgen haben wir die Frauenkirche besichtigt. –
Wir sind gestern um acht Uhr abends mit dem Zug hier angekommen.
heute sind wir in Dresden. – Liebe Grüße – ~~Liebe Mama,~~

Liebe Mama,
heute ...

Leseecke

Lies die Anzeigen. Zu jedem Text gibt es 3 Aufgaben. Markiere die richtige Antwort mit einem Kreuz.
读一下广告。每篇短文有 3 个任务。选择正确答案。

1. Das ist eine Anzeige für

☐ Familienurlaub.

☐ einen Sprachkurs.

☐ Urlaub für junge Leute.

2. Man kann

☐ Tennis spielen.

☐ reiten.

☐ baden.

3. Wer kann dort Ferien machen?

☐ Kinder bis 13.

☐ Gruppen von ca. 20 Jugendlichen.

☐ 14-jährige Jugendliche.

Endlich ohne Eltern

Für Jugendliche von 13 bis 21 Jahren
Inselurlaub auf der Insel Obonjan
in Mitteldalmatien
Partys, Strand und Sonne
Viele Sportmöglichkeiten
(Beachvolleyball, Segeln, Surfen
und natürlich Schwimmen)
Schlafsack und Isomatte
mitbringen

---

1. Hier kann man in den Ferien

☐ reiten lernen.

☐ Sprachen lernen.

☐ schwimmen.

2. Wann?

☐ Im Sommer.

☐ Im Winter.

☐ Im Frühling und im Sommer.

3. Wer?

☐ Nur Familien.

☐ Nur Mädchen.

☐ Jungen und Mädchen.

Ferien auf dem Reiterhof

von April bis September
Jungen und Mädchen, ab 12 Jahren, auch ohne Eltern
Du magst Pferde? 35 Islandponys warten auf dich.

• Ruhige und liebe Ponys
  für Anfänger
• Coole Bergtouren
  mit Pferden für
  Fortgeschrittene
• Übernachtung im Haus,
  im Matratzenlager

Meine Ecke

a Buchstabenchaos – Kannst du die Sätze lesen? Ordne die Bilder zu. 读出句子并与图片配对。

Blad snid Smoemrfreien: kniee Schlue, kinee Huasagfabuen, nur chlieln.

Im Jnui snid useRne Perfungün, dheaslb mesüsn wir jdeen Tag veil Ineern.

b Mach selbst einen Buchstabenchaos-Satz wie im Beispiel. In jedem Wort steht der erste und der
letzte Buchstabe an der richtigen Stelle. Tauscht in der Klasse.
依照例子写一句字母混乱的句子。在每一个单词中，第一个和最后一个字母都在正确的位置。请在课堂上交流。

Mach die Übungen. Kontrolliere im Schlüssel auf Seite 80 und kreuze an:
做下面练习并比对第 80 页上的答案。根据自身情况画叉。

😊 das kann ich gut   😐 das kann ich einigermaßen   ☹ das muss ich noch üben

1 Über Ferienpläne sprechen
Ergänze das Fragewort und ordne die Antwort zu. 填写疑问代词。将问句与回答配对。

~~Wann~~ – Wer – Wie lange – Wo – Wohin – Was – Wie

1. *Wann* _____ fährst du weg?   a) Meine Eltern und meine Schwester.
2. _____ fährst du weg?   b) Schwimmen, chillen, Rom ansehen.
3. _____ fahrt ihr? An die Ostsee?   c) Auf dem Campingplatz.
4. _____ übernachtet ihr?   d) Drei Wochen.
5. _____ macht ihr?   e) Nein, nach Italien.
6. _____ fährt mit?   f) Mit dem Auto.
7. _____ fahrt ihr nach Italien?   g) Im August.

Beantworte die Fragen 1–7 für dich. 根据自身情况回答问题 1–7。

2 Pro- und Kontra-Argumente verstehen   **Hör zu und kreuze an.** 听录音并画叉。
Wer ist pro, wer kontra? 谁赞同？谁反对？

🔊 Diskussionsthema: Mit der Familie in die Ferien fahren?

Sabrina: Dennis: Jens:
☐ pro   ☐ pro   ☐ pro
☐ kontra   ☐ kontra   ☐ kontra

3 Über die Vergangenheit sprechen
Schreib die Sätze mit Vergangenheitsformen. 用过去时写句子。

machen / am letzten Wochenende / wir / eine Fahrradtour / .

Am letzten Wochenende haben wir _____

fahren / wir / 100 km von Ulm nach Donauwörth / .

_____

sehen / wir / viel / .

_____

Ulm

machen / mittags / wir / in Günzburg / eine Pause / .

_____

kommen / wir / erst abends um 10 Uhr / nach Donauwörth / .

_____

sein / ich / total müde/ .

_____

Donauwörth

Seite 57

die Jugendherberge, -n ....

das Hostel, -s ....

günstig ....

übernachten ....

der Urlaub (nur Sg.) ....

· Ich mache Urlaub. ....

· Ich fahre in Urlaub. ....

die Sonne, -n ....

das Meer, -e ....

· Ich fahre ans Meer. ....

der Strand, "-e ....

die Kultur (nur Sg.) ....

erleben ....

die Gegend, -en ....

vielfältig ....

bieten, bietet, hat geboten ....

der Kurs, -e ....

bleiben, bleibt, ...

   ist geblieben ....

Seite 58

reisen, reist, ist gereist ....

die Reise, -n ....

die Ostsee ....

die Nordsee ....

die Alpen (nur Pl.) ....

beliebt ....

wegfahren, fährt ... weg, ...

   ist weggefahren ....

genauso ....

besuchen, besucht, ...

   hat besucht ....

Seite 59

die Zahnbürste, -n ....

die Tasche, -n ....

die Badehose, -n ....

die Socke, -n ....

der Kamm, "-e ....

mitnehmen, nimmt ... mit, ...

   hat mitgenommen

· Ich nehme einen Mantel mit. ....

anschauen, schaut ... an, ...

hat angeschaut ....

der Zoo, -s ....

das Flugzeug, -e ....

der Campingplatz, "-e ....

der Koffer, – ....

Seite 60

der Ausflug, "-e ....

anmelden, meldet ... an, ...

hat angemeldet ....

ganz gut ....

zu viel / zu wenig ....

Seite 61

inzwischen ....

passieren, passiert, ...

   ist passiert ....

· Es ist viel passiert. ....

der Park, -s ....

besichtigen, besichtigt, ...

   hat besichtigt ....

gewinnen, gewinnt, ...

   hat gewonnen ....

singen, singt, hat gesungen ....

Seite 62

fliegen, fliegt, ist geflogen ....

Seite 63

unterwegs ....

vorher ....

Wohin fahren wir im Sommer?

*Wir fahren **nach** Österreich, **in die** Berge, **ans** Meer, **an den** See, **aufs** Land oder wir bleiben einfach **zu** Hause.*

Präpositionen und Orte

in die Disco, **in die** Schule

ins Kino, **ins** Schwimmbad

zu Hannah, **zu** Freunden

zum Fußball, **zum** Schulfest

zur Post

Grammatik wiederholen

E8 | Mein Zuhause

a Omas Zimmer – Was ist richtig? Markiere wie im Beispiel.
依照范例，选出正确答案。

1. *An/Auf/In* der Wand *über/neben/auf* dem Regal *sitzt/steht/hängt* ein Bild.

2. Eine Lampe *hängt/liegt/steht auf/an/in* dem Regal *vor/hinter/neben* den Büchern.

3. Ein Sessel ist blau und *hängt/liegt/steht* links *neben/auf/zwischen* dem Tisch.

4. Der Teppich *hängt/liegt/steht auf/an/in* dem Boden.

5. Der Tisch *hängt/liegt/steht vor/hinter/zwischen* den Sesseln.

6. Eine Lampe *hängt/liegt/steht auf/an/in* dem Boden rechts *neben/zwischen/an* dem Sessel.

7. Das Telefon *hängt/liegt/steht auf/über/vor* dem Tisch.

8. *Vor/Hinter/Zwischen den* Sesseln und dem Tisch *hängt/liegt/steht* das Bücherregal *an/auf/in* der Wand.

b Modalverb *müssen* – Ergänze die richtigen Formen. 填写情态动词 müssen 的正确形式。

● Hallo.

■ Hallo, Petra. Hier Tina. Ich gehe mit Sandra shoppen. Sie ___muss___ ein Geschenk für ihre Schwester kaufen. Kommst du mit?

● Tut mir leid. Das geht nicht.

■ _____ du noch Hausaufgaben machen?

● Nein, aber ich _____ mein Zimmer aufräumen und dann _____ wir zu meiner Oma fahren.

■ Ich verstehe. Dann bis morgen. Tschüs!

● Tschüs und viel Spaß.

c Streit – Ergänze die Imperativformen. 填写命令式形式。

Karin: Du hast noch mein Buch. _____ (stellen) es bitte wieder ins Regal!

Maike: Und du hast mein T-Shirt. _____ (legen) es in meinen Schrank!

Vater: Kinder, _____ _____ (aufhören)! Und _____ (machen) die Musik leiser!

Mutter: Und _____ euer Zimmer _____ (aufräumen)!

E9 | Das schmeckt gut

a Was ist richtig? *Ja, Nein* oder *Doch*? Markiere. 选择正确选项：ja，Nein 还是 Doch 并标出来。

1. ● Möchtest du einen Apfel?   ■ Ja, / Nein, / Doch,   gerne. Danke!

2. ● Magst du keinen Fisch?   ■ Ja, / Nein, / Doch,   ich esse nie Fisch.

3. ● Magst du keinen Kuchen?   ■ Ja, / Nein, / Doch,   sehr, aber nicht zum Frühstück.

b Was isst Maike *gern, lieber, am liebsten, nicht so gern* zum Frühstück? Schreib den Text.
早餐 Maike 喜欢，更喜欢，最喜欢，不怎么喜欢吃什么？写一篇短文。

Maike isst ... Aber noch .... Am ... Wurst. ...

E10 | Meine Freizeit

a Modalverb *wollen* – Ergänze die richtigen Formen. 填写情态动词 wollen 的正确形式。

Jan: _____ wir schwimmen gehen?

Tobi: Schwimmen?

Jan: Ja, _____ du mitkommen?

Tobi: Ich habe keine Lust.

Jan: O.k. Dann gehe ich eben allein mit Chris und Julia.

Tobi: Was? Julia _____ auch mitkommen? Sag das doch gleich! Klar _____ ich!

b Wann? – *im am, um* – Ergänze. 什么时候？用介词 im，am，um 填空。

 *Wann machst du deine nächste Geburtstagsparty?*

 *Nächstes Jahr _____ Frühling, _____ Mai, _____ Samstag, _____ Nachmittag, _____ fünf Uhr.*

c Ergänze *nicht* oder *kein/keine*. 用 nicht，kein/keine 填空。

● Sascha, Daniel und ich machen eine Radtour.

   Willst du auch mitmachen?

■ Radtour? Das geht _____ .

● Hast du _____ Lust?

■ Doch, schon, aber ...

● Was denn? _____ Zeit?

■ Nein, das ist es auch _____ . Ich habe zurzeit _____ Fahrrad.

● _____ Problem! Du kannst mein altes Fahrrad nehmen.

E11 | Das sieht gut aus

Ergänze die Personalpronomen im Akkusativ. 填写人称代词第四格。

● Wie findest du meinen Pullover?

■ Ich finde ihn normal.

● Und der Ohrring ... Wie findest du _____?

■ Supercool!

● Und die Jeans?

■ Ich finde _____ sehr modisch. Findest du mein
   T-Shirt gut oder findest du _____ zu langweilig?

● Das T-Shirt ist o.k. Aber deine Schuhe, ich weiß nicht ...
   Ich finde _____ total uncool!

E12 | Partys

a Schreib die Sätze mit *deshalb* ins Heft. 用 deshalb 写句子。将句子写到练习本上。

1. Geburtstag, / habe / ich / deshalb / eine Party / mache / ich / .

_____

2. in Mathe / Sara / nicht so gut, / ist / deshalb / sie / mehr / lernen / muss / .

_____

b Ergänze die richtigen Formen von *sein* und *haben* im Präteritum.
填写动词 haben 和 sein 的过去时正确形式。

● Wo _____ du gestern? _____ du keine Zeit?

■ Ich _____ zu Hause. Ich _____ Bauchschmerzen. _____ ihr im Kino?

● Ja. Der Film _____ richtig gut. Wir _____ echt Spaß.

E13 | Meine Stadt

a Präpositionen und Artikel – Ergänze den Dialog. 用所给词语补充对话。
in der – mit dem – zum – zum – bis zur

● Entschuldigung, wie komme ich _____ Technik-Museum _____ Mozartstraße?

■ Das ist ein bisschen weit. Da fährst du lieber hier _____ Bus, _____ Blumenstraße.
   Das sind drei Stationen. Von da musst du noch fünf Minuten _____ Museum laufen.

b Verben-Chaos – Schreib den Text richtig im Heft. 动词混乱。将短文正确地写在练习本中。
Gestern habe ich Colin verloren. Er hat ein T-Shirt von COOL für mich
gesehen. Dann haben wir den Film „Lovers" im Kino gekauft.
Es war superromantisch, aber ich habe das T-Shirt im Kino getroffen.
Colin mag sauer und ist weggegangen. Ich war COOL nicht mehr!

> Gestern habe ich
> Colin getroffen.

E14 | Ferien

a Perfekt mit *haben* oder *sein*? Schreib die Sätze in die Tabelle.
现在完成时用 haben 还是 sein? 将句子写到表格中。

1. zehn Kilometer gelaufen.
2. ein Eis gegessen
3. ins Museum gegangen
4. für den Mathetest gelernt
5. eine Mail geschrieben
6. drei Gläser Milch getrunken
7. nach Mallorca geflogen
8. eine Stunde Tennis gespielt
9. zu meiner Freundin gefahren
10. spät nach Hause gekommen

Ich bin am Wochenende zu Smarta geflogen.

Ich habe am Wochenende ...	Ich bin am Wochenende ...
ein Eis gegessen.	

b Das Perfekt-Kreuzworträtsel 完成时——纵横字谜。

1. Schreib das Perfekt zu diesen Verben. 写出这些动词的现在完成时。

gehen	trinken	fahren	sehen	essen
ist gegangen				
lernen	spielen	machen	hören	kommen

2. Bine und Mila sprechen über Bines Ferien. Hör zu. Manchmal hörst du „ding". Dann musst du im Kreuzworträtsel ein Verb im Partizip ergänzen.
听录音，有时你听到"ding"的声音，那么你就得在字谜中填写动词分词。

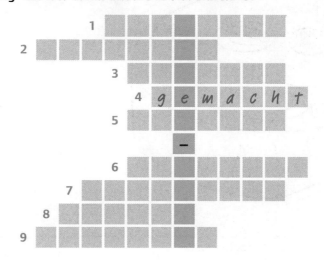

Das Lösungswort ist ein Glückwunsch: _____
答案是一句祝福语：

Wortschatz trainieren

a Räum auf! Schreib die Wörter auf die Schreibzeilen. Brauchst du Hilfe?
Lies die Wörter im Kasten unten. 将单词写在书写线上。下面框中的单词会给你提供帮助。

b Silbenrätsel – Finde die Wörter zu 1–8. 音节字谜——找出句子 1–8 中的单词。

die Decke

1. Ich wohne in einem … im 25. Stock.

2. Im … kann man in einen Zug einsteigen.

3. Ich möchte über Nr. 5 gehen. Dann gehe ich über eine …

4. Vom Frankfurter … kann man in die ganze Welt fliegen.

5. Der Rhein und der Main sind zwei … in Deutschland.

6. Ich nehme den Bus Nr. 20. Die … ist gleich hier an der Ecke.

7. Wir haben ein Haus mit … Meine Eltern lieben Pflanzen.

8. Am Sonntag kochen wir nicht. Wie gehen zum Mittagessen in ein …

le Flüs se tau
Res haus Hoch
rant stel Flug ha
Bahn hof ten
Hal Gar Brü
te fen cke

Wie fit bist du?

Teste dein Hörverstehen

Teil 1

Du hörst drei Nachrichten am Telefon. 你在电话上听到三则消息。

Hör jede Nachricht zweimal. Markiere die richtigen Lösungen.

每则消息听两遍。将正确答案标出来。

Für Teil 1 und 2 hast du in der Prüfung 20 Minuten Zeit.

1.

A Wann kommt der Zug?

- [a] Der Zug kommt 15 Minuten später.
- [b] Der Zug kommt 30 Minuten später.
- [c] Der Zug kommt 60 Minuten später.

B Was essen die Kinder?

- [a] Für die Kinder gibt es Suppe.
- [b] Die Kinder müssen einkaufen gehen.
- [c] Oma bringt Suppe mit.

2.

A Wohin geht Dani?

- [a] Ins Eiscafé.
- [b] In die Eisdisco.
- [c] Ins Kino.

B Was hat Corri?

- [a] Ihr Bauch tut weh.
- [b] Ihr Bein tut weh.
- [c] Ihr Kopf tut weh.

3.

A Die Jugendlichen …

- [a] gehen jetzt ins Café.
- [b] sind schon im Café.
- [c] möchten um 17 Uhr ins Café gehen.

B Bis wann bleiben sie im Café?

- [a] Bis 7 Uhr.
- [b] Bis 17 Uhr.
- [c] Bis 5 Uhr.

Teil 2

Du hörst jetzt zwei Gespräche. Hör jedes Gespräch zweimal.

Markiere die richtigen Lösungen mit einem Kreuz: richtig R **oder falsch** F **.**

听两个对话，每个对话听两遍。选择正确答案。

Lies jetzt die Sätze 1–3 und hör dann das Gespräch 1. 读句子 1–3，然后听第 1 个对话。

Gespräch 1

1. Der Weg zur Bibliothek ist 10 Minuten zu Fuß.   R   F

2. Die Haltestelle ist genau vor der Bibliothek.   R   F

3. Die Bibliothek ist in der Nähe vom Luisepark.   R   F

Lies die Sätze 4–6 und hör dann das Gespräch 2. 读句子 4–6，然后听第 2 个对话。

Gespräch 2

4. Marc macht am Samstag eine Party.   R   F

5. Die Party dauert von 5 Uhr bis 11 Uhr abends.   R   F

6. Marc bringt Musik mit.   R   F

Teste dein Leseverstehen

Teil 1

Lies die zwei Anzeigen. Zu jedem Text gibt es drei Aufgaben.

读两个广告。每篇短文均配有 3 道题。

Markiere die richtigen Aussagen mit einem Kreuz. 选择正确答案。

> *Für Teil 1 und 2 hast du in der Prüfung 20 Minuten Zeit.*

An alle Mathefreunde in Frankfurt-Eckenheim

Ich gehe in die 8. Klasse und verstehe Mathe nicht. Wer kann Nachhilfe für 8.50 Euro pro Stunde geben?

Ruf mich an unter 069-24445830 oder schick mir eine E-Mail: stefan_haas@example.de

1. Stefan …
   a   sucht Freunde in Frankfurt-Eckenheim.
   b   braucht Nachhilfe in Mathe.
   c   möchte Nachhilfe in Mathe geben.

2. Stefan …
   a   hat Spaß an Mathe.
   b   hat keine Zeit für Mathe.
   c   hat Probleme mit Mathe.

3. Stefan …
   a   möchte 8 Euro 50 für eine Stunde Mathe bezahlen.
   b   braucht nur eine Stunde Nachhilfe in Mathe.
   c   bekommt 8,50 Euro pro Nachhilfestunde.

Die Welt auf zwei Rädern

Dein Fahrrad fährt nicht mehr?
Kein Problem!
Wir reparieren es
schnell und billig!

Du hast kein Fahrrad?
Auch kein Problem!
Hier kannst du ein neues kaufen
oder für ein paar Stunden oder Tage leihen.

Du findest uns in der Friedstraße 17, Aachen.
Öffnungszeiten: Mo–Fr von 9 bis 18 Uhr,
Sa bis 16 Uhr.

4. Im Geschäft „Die Welt auf zwei Rädern" …
   a   repariert man kaputte Fahrräder.
   b   kauft man alte Fahrräder.
   c   verkauft man alte Fahrräder.

5. Im Geschäft „Die Welt auf zwei Rädern" …
   a   repariert man dein Fahrrad in ein paar Stunden.
   b   repariert man dein Fahrrad in ein paar Tagen.
   c   repariert man dein Fahrrad schnell.

6. Das Geschäft „Die Welt auf zwei Rädern" …
   a   ist am Wochenende zu.
   b   ist am Wochenende bis 16 Uhr auf.
   c   macht von Montag bis Samstag um 9 Uhr auf.

Teil 2

Im Internet findest du zwei Texte von Jugendlichen aus Deutschland. Lies die Texte.
Aufgabe 1 bis 6: Was ist richtig R ? Was ist falsch F ?
你可以在互联网上找到两篇关于德国青少年的文章。朗读文章并判断正误。

Text 1

Wir sind Michael und Sebastian Kunze. Wir sind Ge-
schwister. Wir wohnen in Berlin. Michael ist 13 Jahre alt
und ich bin 14. Unser Hobby ist Schwimmen. Im Sommer
schwimmen wir im See. Wir lieben den Wannsee. Im
Winter gehen wir ins Schwimmbad. Das Hallenbad in
Lankwitz ist toll und nicht so teuer. Meistens kommen
unsere Freunde auch mit. Das macht Spaß!

1. Michael und Sebastian sind Brüder.   R F
2. Im Sommer gehen sie oft ins Schwimmbad.   R F
3. Sie schwimmen immer zusammen mit ihren Freunden.   R F

Text 2

Hi! Wir heißen Melanie und Sonja. Wir gehen in die 8c in der
Albertus-Magnus-Schule in Köln. Unser Lieblingsfach ist
Mathe, denn Herr Baum, unser Mathelehrer, ist spitze! Nach
den Hausaufgaben treffen wir uns fast jeden Tag gegen 16
Uhr zum Radfahren, Shoppen oder einfach nur zum Musik-
hören und Chillen.

4. Melanie und Sonja sind in einer Klasse.   R F
5. Sie finden Mathe toll.   R F
6. Sie treffen sich jeden Tag gleich nach dem Mittagessen.   R F

Wie gut kannst du schreiben?

Holger hat dir eine E-Mail geschrieben.
Holger 给你写了一封电子邮件。
Antworte darauf mit mindestens 30 Wörtern.
你至少用 30 个单词来回复他的邮件。

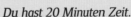

Du hast 20 Minuten Zeit.

Neue Mail	⇨ Senden

Hallo aus Rügen!

Hier ist es toll. Sonne, Meer und Strand und immer etwas los: Schwimmen,

Beachvolleyball, Disco! Das Essen ist auch super. Ich liebe Fisch, aber es gibt

auch Pizza. Morgen machen wir eine Radtour.

Und du? Was machst du? Bist du zu Hause oder auch weg? Ich bin am Wochen-

ende wieder zu Hause. Wir kommen am Samstag zurück. Hast du am Sonntag

Zeit?

Tschüs

Holger

Inhaltsverzeichnis

VERBEN IM PRÄSENS

Modalverben: *müssen* und *wollen*

Infinitiv		müssen	wollen					
Singular	ich	muss	will	Plural	wir	müssen	wollen
	du	musst	willst		ihr	müsst	wollt
	er/es/sie/man	muss	will		sie/Sie	müssen	wollen

	Position 2		Ende
	Wollen	wir ins Schwimmbad	gehen?
Nein, ich	will	lieber ins Kino	gehen.
Nein, ich	muss	mein Zimmer	aufräumen.

Imperativ

Infinitiv	du-Form	ihr-Form	Sie-Form
machen	Mach schnell!	Macht schnell!	Machen Sie schnell!
sprechen	Sprich leise!	Sprecht leise!	Sprechen Sie leise!
aufräumen	Räum auf!	Räumt auf!	Räumen Sie auf!

fahren: fahr – fahrt – fahren Sie   sein: sei – seid – seien Sie

Position 2: Verbteil 1		Ende: Verbteil 2
Räum	bitte dein Zimmer	auf.
Schreibt	die Beispiele ins Heft.	
Sprechen	Sie bitte langsamer.	

VERBEN IN DER VERGANGENHEIT

Präteritum von *sein* und *haben*

Singular	ich	war	hatte	Gestern war ich nicht in der Schule.
	du	warst	hattest	Ich hatte Grippe.
	er/es/sie/man	war	hatte	
Plural	wir	waren	hatten	Im Juli hatten wir Ferien.
	ihr	wart	hattet	Wir waren in der Schweiz.
	sie/Sie	waren	hatten	

Von *sein* und *haben* benutzt man in der Vergangenheit fast immer das Präteritum.

Partizip – regelmäßige Formen

	Infinitiv	Partizip	
einfach	kaufen	gekauft	er/sie hat gekauft
	machen	gemacht	er/sie hat gemacht
trennbar	*ein*kaufen	*ein*gekauft	er/sie hat *ein*gekauft
	*auf*machen	*auf*gemacht	er/sie hat *auf*gemacht

Ebenso:

*an*schauen, *auf*räumen, *aus*packen, *aus*räumen, *aus*suchen, *aus*wählen, chillen, dauern, duschen, frühstücken, gucken, hängen, *hin*stellen, legen, mähen, mailen, *mit*machen, passen, planen, reisen, schauen, schenken, schicken, schmecken, sparen, wecken, wünschen, *zu*machen, *zusammen*passen, …

Partizip – unregelmäßige Formen

Unregelmäßige Verbformen immer so lernen:

bleiben
er bleibt
er ist geblieben
Er ist zu Hause geblieben.

aufstehen
sie steht auf
sie ist aufgestanden
Sie ist um 11 Uhr aufgestanden.

Infinitiv	3. Person Singular	Partizip
*an*fangen	er/sie fängt *an*	er/sie hat *an*gefangen
*auf*stehen	er/sie steht *auf*	er/sie ist *auf*gestanden
bleiben	er/sie bleibt	er/sie ist geblieben
*ein*laden	er/sie lädt *ein*	er/sie hat *ein*geladen
essen	er/sie isst	er/sie hat gegessen

Infinitiv	3. Person Singular	Partizip
fahren	er/sie fährt	er/sie ist gefahren
finden	er/sie findet	er/sie hat gefunden
fliegen	er/sie fliegt	er/sie ist geflogen
geben	er/sie gibt	er/sie hat gegeben
gehen	er/sie geht	er/sie ist gegangen
kennen	er/sie kennt	er/sie hat gekannt
kommen	er/sie kommt	er/sie ist gekommen
laufen	er/sie läuft	er/sie ist gelaufen
lesen	er/sie liest	er/sie hat gelesen
liegen	er/sie liegt	er/sie hat gelegen
*mit*bringen	er/sie bringt *mit*	er/sie hat *mit*gebracht
reiten	er/sie reitet	er/sie ist geritten
rufen	er/sie ruft	er/sie hat gerufen
scheinen	er/sie scheint	er/sie hat geschienen
schlafen	er/sie schläft	er/sie hat geschlafen
schließen	er/sie schließt	er/sie hat geschlossen
schreiben	er/sie schreibt	er/sie hat geschrieben
schwimmen	er/sie schwimmt	er/sie ist geschwommen
sehen	er/sie sieht	er/sie hat gesehen
singen	er/sie singt	er/sie hat gesungen
sitzen	er/sie sitzt	er/sie hat gesessen
sprechen	er/sie spricht	er/sie hat gesprochen
tragen	er/sie trägt	er/sie hat getragen
treffen	er/sie trifft	er/sie hat getroffen
trinken	er/sie trinkt	er/sie hat getrunken
tun	er/sie tut	er/sie hat getan
waschen	er/sie wäscht	er/sie hat gewaschen

Perfekt: Satzklammer

	Position 2: *haben/sein* (konjugiert)		Ende: Partizip
Ich	habe	in Frankfurt Sportschuhe	gekauft.
Wir	sind	ins Museum	gegangen.
Lea	hat	ein Kleid	gesehen.
	Habt	ihr eine Stadtrundfahrt	gemacht?

Perfekt mit *haben* oder *sein*

Die meisten Verben bilden das Perfekt mit *haben*.

Ich habe Sachertorte gegessen.
Wir haben eine Reise gemacht.

Verben mit Positionsveränderung bilden das Perfekt mit *sein*.

Ich bin nach Wien gefahren.
Er ist nicht nach Hause gekommen.

Hier sind einige Verben mit *sein*:

aufstehen, fahren, fliegen, gehen, kommen, laufen, reiten, schwimmen, wegfahren …

Die Verben *passieren*, *bleiben* und *sein* bilden das Perfekt auch mit *sein*.

Zeitangaben der Vergangenheit

| letztes Jahr im letzten Jahr | letzten Monat im letzten Monat | letzte Woche in der letzten Woche | vorgestern | gestern | heute |

Letztes Jahr haben wir in Österreich Urlaub gemacht.
Letzten Monat bin ich in die Schweiz gefahren.
Letzte Woche war ich krank.
Gestern hatte ich Training.
Heute bin ich müde.

ARTIKEL – NOMEN – PRONOMEN

Nominativ, Akkusativ und Dativ

	Nominativ	Akkusativ	Dativ
Singular	**der** Mann	**den** Mann	**dem** Mann
	das Kind	**das** Kind	**dem** Kind
	die Frau	**die** Frau	**der** Frau
Plural	**die** Männer / Frauen / Kinder	**die** Männer / Frauen / Kinder	**den** Männern / Frauen / Kindern

Zur Schule fahre ich zuerst mit dem Bus und dann mit der Straßenbahn.
Manchmal fahre ich auch mit dem Fahrrad.

Nullartikel

Für Stoffnamen (kein Plural) benutzt man im Singular keinen Artikel. Man nennt das „Nullartikel".

	Singular
das Fleisch (kein Plural)	Magst du gerne – Fleisch?
der Käse (kein Plural)	Ich esse gerne – Käse.

Ebenso: Brot, Fisch, Gemüse, Obst, Käse, Wurst, Quark, Jogurt …

Auch: Geld, Zeit, Lust

Ich habe schon Lust auf Kino, aber kein Geld und keine Zeit.

Pluralformen

Die Nomen mit der Endung *-e* bilden den Plural mit *-n*.
das Auge, die Auge**n** – die Jack**e**, die Jacke**n**

Nomen mit den Endungen *-er* oder *-el* haben fast nie eine Pluralendung.
der Lehrer, die Lehrer – der Mantel, die Mäntel – der Zettel, die Zettel

Pronomen: *man*

Bei *man* steht das Verb in der 3. Person Singular.

Wie schreibt man das?
Was kann man am Wochenende in Frankfurt machen?
In Deutschland isst man gerne Kartoffeln.

Personalpronomen im Akkusativ

ich	du	er	es	sie	wir	ihr	sie/Sie
mich	dich	ihn	es	sie	uns	euch	sie/Sie

Wie findest du meine Brille?

der Pullover	Wie findest du **den** Pullover?	Ich finde **ihn** langweilig.
das T-Shirt	Wie findest du **das** T-Shirt?	Ich finde e**s** süß.
die Jacke	Wie findest du **die** Jacke?	Ich finde **sie** zu eng.
die Schuhe	Wie findest du **die** Schuhe?	Ich finde **sie** cool.

Ich finde sie supercool!

PRÄPOSITIONEN

Lokale Präpositionen mit Dativ (Frage: Wo?)

| vor | hinter | auf | unter | über | neben | zwischen | in | an |

Das Buch liegt …

auf **dem** Tisch
(der Tisch)

unter **dem** Bett
(das Bett)

neben **der** Lampe
(die Lampe)

zwischen **den** Stühlen
(die Stühle)

Die Verben *liegen, stehen, sitzen* haben immer eine Präposition + Dativ.

Das Buch liegt auf dem Tisch. Der Junge sitzt auf dem Bett. Die Lampe steht auf dem Boden.

Temporale Präpositionen: *ab, am, gegen, im, um*

im	⇨	Monat/Jahreszeit	im Januar, im Winter
am	⇨	Wochentag/Tagesabschnitt	am Montag, am Vormittag ❙ in der Nacht
um	⇨	Uhrzeit	um acht Uhr
gegen	⇨	Uhrzeit	gegen acht Uhr
ab			ab drei Uhr, ab Mittwoch, ab Sommer

Präpositionen mit Dativ

In **Vonseitnachzu** und **Ausbeimit** bleibt man mit dem Dativ fit.

seit	Ich bin schon seit einer Woche in Frankfurt.
bei	Ich wohne bei der Tante.
aus	Meine Cousine kommt erst um 13 Uhr aus der Schule.
nach	Nach dem Frühstück gehe ich shoppen.
mit	Ich möchte mit der U-Bahn fahren.
zur	Wie komme ich zur U-Bahn?

bei dem =	beim
von dem =	vom
zu dem =	zum
zu der =	zur

Präposition *für* mit Akkusativ

| für | Das ist wichtig für mich. |

WORTBILDUNG

Zusammengesetzte Nomen

Der Wortakzent ist auf dem 1. Wort.
Das 2. Wort bestimmt den Artikel.

1. das Gemüse + 2. die Pfanne =
die Gemüsepfanne

DIE WÖRTER IM SATZ

Satzklammer

		Position 2		Ende
trennbare Verben	Ich	stehe	immer um sieben Uhr	auf.
Nomen-Verb-Verbindungen	Ich	fahre	gerne	Ski.
Modalverben	Smarta	kann	sehr gut	balancieren.
Perfekt	Wir	haben	gestern Sportschuhe	gekauft.

Verneinung mit *nicht* oder *kein*

ein ⇨ kein	Ich habe einen Computer / ein Handy / eine Zeitung.
	Ich habe keinen Computer / kein Handy / keine Zeitung.
kein bei Nullartikel	Ich habe kein Geld / keine Zeit / keine Lust.
	Ich esse keinen Käse, kein Fleisch und keine Wurst.
Sonst immer *nicht*	Ich schwimme gern. Ich schwimme nicht gern.
	Ich fahre gern Fahrrad. Ich fahre nicht gern Fahrrad.
	Ich spiele gut Tennis. Ich spiele nicht gut Tennis.

Satzverbindungen: *deshalb*

	Position 2		Ende
Ich	muss	nicht	lernen.
Deshalb	kann	ich Computer	spielen.
Ich	kann	deshalb Computer	spielen.

doch

Frage	Isst du gerne Obst?	+ Ja, sehr gerne.
		− Nein, nicht so gerne.
	Isst du Fleisch?	+ Ja, gerne.
		− Nein.
Frage mit Negation	Isst du nicht gerne Obst?	+ Doch, ich esse gerne Obst.
		− Nein, ich esse nicht gerne Obst.
	Isst du kein Fleisch?	+ Doch.
		− Nein.

Was kann ich jetzt? – Lösungen und Lösungsbeispiele

E8 | Mein Zimmer

1 Ein Zimmer beschreiben
Links steht mein Bett und rechts mein Schrank. Im Schrank sind meine Kleider. Mein Schreibtisch steht unter dem Fenster. Auf dem Schreibtisch steht mein Laptop. Neben dem Schreibtisch steht mein Sessel.

2 Über Tätigkeiten zu Hause sprechen
1. Ich muss oft meinen Schreibtisch aufräumen.
2. Ich muss fast nie das Zimmer sauber machen.
3. Ich muss jeden Tag mein Bett machen.

3 Anweisungen geben
1. Sprecht bitte leise!
2. Wiederhole bitte den Satz!
3. Räum bitte auf!

4 Eine Zimmerbeschreibung verstehen
Es passt Foto A.

5 Gefühle benennen
1: aktiv – 2: müde – 3: traurig – 4: froh – 5: wütend – 6: romantisch

E9 | Das schmeckt gut

1 Sagen, was du morgens, mittags, abends isst.
1. Morgens zum Frühstück esse ich meistens Brot.
2. In der Pause esse ich zwei Brötchen mit Butter und Käse.
3. Mittags esse ich immer in der Kantine, da kann man Gemüse und Fleisch haben. Ich esse immer vegetarisch, ich esse kein Fleisch.
4. Trinkst du abends lieber Milch oder Tee? – Ich mag keine Milch, ich trinke immer Tee.

2 Sagen, was du gerne isst.
Ich esse gerne Gemüse. / Gemüse esse ich gerne. / Gerne esse ich Gemüse. – Ich esse lieber Salat. / Salat esse ich lieber. / Lieber esse ich Salat. – Ich esse am liebsten Obst. / Obst esse ich am liebsten. / Am liebsten esse ich Obst. – Ich esse Fisch überhaupt nicht. / Fisch esse ich überhaupt nicht. / Überhaupt nicht esse ich Fisch.

3 Über Spezialitäten sprechen
1. In Süddeutschland haben wir eine Spezialität.
2. Sie heißt „Maultaschen".
3. In den Maultaschen ist Fleisch und Gemüse.
4. Man isst sie gern zusammen mit Salat.
5. Ich finde, Maultaschen schmecken sehr gut.

4 Bestellen
1c – 2a – 3d – 4b

E10 | Meine Freizeit

1 Über Freizeitaktivitäten sprechen
1. Mein Hobby ist die Musik.
2. Ich spiele in einer Band.
3. Ich spiele Gitarre und ich singe.
4. Wir üben zweimal pro Woche. / Zweimal pro Woche üben wir.
5. Samstags spielen wir oft bei Partys. / Wir spielen samstags oft bei Partys
6. Im Juli spielen wir beim Schulfest.

2 Freizeitaktivitäten planen
1d – 2c – 3b – 4a

3 Noten, Zeugnisse und Ferien vergleichen
1R – 2R – 3F

4 Informationen finden
1D – 2A – 3B

E11 | Das sieht gut aus!

1 Über den Körper sprechen
links von oben nach unten: das Haar / die Haare, der Kopf / die Köpfe, die Nase / die Nasen, der Mund / die Münder, der Finger / die Finger
rechts von oben nach unten: das Ohr / die Ohren, die Schulter / die Schultern, die Hand / die Hände, das Bein / die Beine

2 Ausreden finden
Zum Beispiel:
links: Meine Hand tut weh. Ich kann leider nicht zum Basketball-Training kommen.
rechts: Mein Bauch tut weh. Ich kann leider nicht zum Essen kommen.

3 Personen beschreiben
Zum Beispiel:
Der Junge trägt eine Kappe. Die Kappe ist blau. Er trägt auch eine Sonnenbrille. Sein Hemd ist blau. Er trägt eine Jeans und eine Uhr. (Er sieht cool aus.)

4 Über Kleidung sprechen
2. ● Wie findest du den Pullover?
   ■ Ich finde ihn cool/schön/langweilig …
3. ● Wie findest du das Kleid?
   ■ Ich finde es cool/schön/langweilig …
4. ● Wie findet du die Schuhe?
   ■ Ich finde sie cool/schön/langweilig …

5 Thema „Mode"
1R – 2F – 3F – 4R

E12 | Partys

1 Jemanden einladen
Lieber Ulf,
ich habe nächsten Mittwoch Geburtstag. Ich möchte dich zur Party einladen. Die Geburtstagsparty ist am Samstag. Sie beginnt um 17 Uhr und ist um 22 Uhr zu Ende.
Liebe Grüße
Jan

2 Glückwünsche aussprechen
1. Ich wünsche dir viel Glück zum Geburtstag!
2. Herzlichen Glückwunsch zum Geburtstag!

3 Eine Party planen
1. der Löffel, – 2. der Teller, – 3. das Messer, – 4. die Gabel, -n
5. der Salat, -e 6. der Käse, (nur Sg.)

4 Über eine Party sprechen
1F – 2R – 3F – 4R – 5R – 6F

5 Über die Vergangenheit sprechen
1. Letzte Woche war ich in Basel.
2. Letztes Jahr waren wir in Berlin.
3. Gestern hatte meine Schwester Geburtstag.
4. Wir hatten eine tolle Party.
5. Letzte Woche hatte mein Bruder Grippe.

E13 | Meine Stadt

1 Über eine Stadt sprechen
Meine Stadt ist sehr groß. Hier gibt es viele Hochhäuser. Sie sind sehr modern und ich finde sie interessant. Aber es gibt auch eine historische Altstadt. In meiner Stadt fahren viele Busse und wir haben natürlich auch eine U-Bahn. Es gibt auch einen Fluss und es gibt Berge in der Nähe. Ich mag meine Stadt sehr.

2 Den Schulweg beschreiben
Katja braucht 20 Minuten bis zur Schule. Sie muss zuerst 5 Minuten zur Bushaltestelle gehen. Dort trifft sie ihre Freundin. Sie fahren 10 Minuten mit dem Bus. Zum Schluss gehen sie 5 Minuten bis zur Schule.

3 Nach dem Weg fragen
Zum Beispiel:
1. Wie komme ich zum Bahnhof?

2. Können Sie mir bitte sagen, wie ich die Hauptstraße finde?

4 Eine Wegbeschreibung verstehen

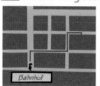

5 Über die Vergangenheit sprechen
1. Marie hat gestern in der Stadt ein T-Shirt gesehen. / Gestern hat Marie in der Stadt ein T-Shirt gesehen.
2. Letzte Woche hat sie ihr Geld verloren. / Sie hat letzte Woche ihr Geld verloren.
3. Deshalb hat sie gestern nichts gekauft. Sie hat deshalb gestern nichts gekauft.

E14 | Ferien

1 Über Ferienpläne sprechen
1. Wann ...? – g   5. Was ... ? – b
2. Wie lange – d   6. Wer ...? – a
3. Wohin ... ? – e   7. Wie ...? – f
4. Wo ...? – c

2 Pro- und Kontra-Argumente verstehen
Sabrina: pro – Dennis: kontra – Jens: pro

3 Über die Vergangenheit sprechen
1. Am letzten Wochenende haben wir eine Fahrradtour gemacht.
2. Wir sind von Ulm nach Donauwörth gefahren.
3. Wir haben viel gesehen.
4. Mittags haben wir in Günzburg eine Pause gemacht.
5. Wir sind erst abends um 10 Uhr nach Donauwörth gekommen.
6. Ich war total müde.

Bildquellen

S.3 8 + 9 + 12: Cornelsen/Hugo Herold – **S.6** Cornelsen/Hugo Herold – **S.10** Cornelsen/Hugo Herold – **S.16** Cornelsen/Hugo Herold – **S.17** Cornelsen/Hugo Herold – **S.23** Cornelsen/Hugo Herold – **S.25** 1 bis 4: Cornelsen/Hugo Herold – **S.34** Cornelsen/Hugo Herold – **S.35** Cornelsen/Hugo Herold – **S.38** Cornelsen/Hugo Herold – **S.40** oben: Cornelsen/Hugo Herold – **S.42** Cornelsen/Hugo Herold – **S.51** oben: Cornelsen/Hugo Herold